# Growing Up, Spiritually

Kenneth E. Hagin

# 영적 성장

**케네스 해긴** 지음 | **김진호** 옮김

믿음의말씀사

Growing Up, Spiritually
by Kenneth E. Hagin
ⓒ 1976 RHEMA Bible Church
AKA Kenneth Hagin Ministries, Inc.
P. O. Box 50126 Tulsa, OK 74150-0126 U.S.A.
All Rights Reserved.

2007 / Korean by Word of Faith Company, Korea.
Translated and published by permission
Printed in Korea.

# 영적 성장

1판 1쇄 발행일 · 2007년 1월 31일
1판 3쇄 발행일 · 2012년 11월 30일

지 은 이  케네스 해긴
옮 긴 이  김 진 호
발 행 인  최 순 애
펴 낸 곳  믿음의 말씀사
주    소  446-855 경기도 용인시 기흥구 신정로 301번길 59
전화번호  (031) 8005-5483 / 5493   FAX : (031) 8005-5485
홈페이지  http://faithbook.kr
출판등록  제68호 (등록일 2000. 8. 14)

ISBN 89-90836-22-0  03230
값 7,000원

본 저작물의 한국어판 저작권은 케네스 해긴 목사님을 통해 FAITH LIBRARY와의 독점 협약으로 '믿음의 말씀사'가 소유합니다. 저작권법에 의해 한국 내에서 보호를 받는 저작물이므로 무단 전재와 복제를 금합니다.

믿음의 방패 마크는 미국 특허청에 등록된 RHEMA Bible Church, AKA Kenneth Hagin Ministries, Inc.의 마크이므로 복제하여 사용할 수 없습니다. (The Faith Shield is a trademark of RHEMA Bible Church, AKA Kenneth Hagin Ministries, Inc., registered with the U.S. Patent and Trademark Office and therefore may not be duplicated.)

# 목 차

서문 ·················································································· 7
역자서문 ············································································ 8

## 제 1 부

1. 당신이 어디 있나 알아보기(Locating Yourself) ················· 11
2. 유아기(Babyhood) ························································ 13
   순수함(Innocence)
   무지(Ignorance)
   과민반응(Irritability)
3. 유년기(Childhood) ························································ 29
   불안정(Unsteadiness)
   호기심(Curiosity)
   말이 많은 것(talkativeness)
4. 장년기(Manhood) ························································· 45
   이 땅의 일들을 가볍게 여기기(Esteeming Earthly Things Lightly)
   비난이나 칭찬에 무관심(Deadness to Censure or Praise)
   하나님이 역사하고 있는 것을 아는 능력
   (Ability to Recognize God at Work)

## 제 2 부

5. 아버지와의 동행(Walking With Your Father) ··················· 59
   말씀을 통하여 알아가기(Getting acquainted Through the Word)
   아버지를 알아가는 경험(Experiencing Acquaintance)
6. 사랑 안에서 행하기(Walking In Love) ···························· 79
   '사랑' 의 비교 : 신령한 사랑 - 자연적 인간의 사랑
   ('Loves' Contrasted: Divine - Natural Human)
   아가페 사랑에 대하여(An Expose' on Love)

## 제 3 부

7. 지식을 받기(Receiving The Knowledge) ·············· 93
　그릇된 식이 요법(The Wrong Diet)
　올바른 가르침의 장소(The Place of Right Teaching)
　부적절한 가르침의 과실(The Fault of Inadequate Teaching)

## 제 4 부

8. 당신은 어떤 사람입니까?(What Manner OF Man Are You?) ·········· 117
9. 자연적인 사람(The Natural Man) ·············· 119
　'지식'의 비교 : 계시된 지식 - 자연적 인간의 지식
　(Knowledge Contrasted: Revelation - Natural Human)
　자연적인 삶(Natural Walk)
10. 육신적인 사람(The Carnal Man) ·············· 129
　'그냥 사람'으로 사는 삶(Walks as a 'Mere Man')
　성장하여 육신적인 것으로부터 빠져나오기(Growing Out of Carnality)
11. 영적인 사람(The Spiritual Man) ·············· 143
　아버지를 아는 것(Knowing the Father)
　아들을 아는 것(Knowing the Son)
　성령을 아는 것(Knowing the Holy Ghost)
　내재하시는 분으로(… as Indweller)
　선생으로(… as Teacher)
　영적인 사람의 유산(His Inheritance)
　영적인 사람의 능력(His Ability)
　말씀에 의해 다스려짐(Governed by the Word)

## 제 5 부

12. 올바른 식이 요법(The Right Diet) ·············· 159
　성장과 영성에 대한 권면(Exhortations to Growth and Spirituality)
　인간의 영의 열매(Fruit of the Human Spirit)
　마음을 새롭게 하는 것(Renewing the Mind)
13. 격려의 말(A Word Of Encouragement) ·············· 179

# 서 문

성장하는 것은 지속적인 과정입니다.

이 책에서 우리는 영적으로 성장하는 것에 대하여 나눌 것입니다. 각 장이 주제와 관계없는 것처럼 보일지라도 그것들은 당신이 성장하는 것을 돕게 될 것입니다.

먼저, 이 책은 당신이 영적으로 어느 단계에 있는지 분별할 수 있도록 도와줄 것입니다. 당신이 어떤 단계에 있는지 분별한 후에 당신이 속해 있는 영적 수준에서 더 높은 수준으로 자랄 수 있도록 도와 줄 것입니다.

# 역자 서문

우리는 생명의 탄생에서 경이로움을 느낍니다. 디지털 애니메이션 세계가 아무리 현란해도 들에 핀 꽃 하나가 주는 생명의 아름다움과는 비교할 수가 없습니다. 혼의 세계는 또한 어떻습니까? 인간의 과학의 발전은 드디어 줄기 세포를 복제해서 자기 몸 세포에서 만들어낸 것으로써 자기 신체 기관을 대체할 시대를 열고 있습니다.

그러나 사람이란 어떤 존재인지, 인간의 본성은 무엇인지, 어디서 와서 무엇 때문에 살며, 어디로 가는지, 영적 존재인 인간의 이 영원한 갈구와 질문에 대한 해답은 오직 성경에서만 찾을 수 있습니다. 하나님의 자녀로 위로부터 태어나는 순간부터 인간은 드디어 몸과 혼 뿐 아니라 영으로도 온전한 생명체가 되어 영혼몸이 온전한 존재로 살 수 있게 됩니다.

그러므로 영적 성장이야말로 그리스도인들에게만 있는 가장 복된 삶의 여정이 아닐 수 없습니다. 처음부터 영의 거듭남과 영의 성장과 훈련에 대해 가르침을 받지 않게 되면 몸이나 혼과는 달리 영의 성장은 저절로 이루어지는 것은 아닙니다. 거듭난 그리스도인의 영적 성장과 훈련이 되지 않기 때문에 오늘날 많은 교회들이 유치원 어린이와 초등학생으로 가득한 현상을 보이고 있습니다.

선교와 영혼 구원을 위한 사탄과의 영적 전쟁에 참여하는 하나님 나라의 군대가 되어야 할 교회가 오히려 젖이나 아이스크림을 좋아하는 어린이들만 많은 유치원이 되어 있습니다. 장성한 청년이 되어야만 군대에 가듯이 성장한 그리스도인들만이 영적 전투에서 이길 수 있습니다. 이천년이 넘도록 기독교는 소수의 정예군에 의해 하나님의 나라를 확장시켜왔기는 하지만, 유럽의 기독교에서 보는 것과 같이 기독교의 역사가 길어지면서 경건의 모양만 남고 생명과 능력과 하나님의 임재가 사라지고 우상 숭배가 왕성해지며 사탄이 세상을 다스리게 됩니다.

그러므로 성도가 가장 힘써야 할 일은 자신의 영적 성장입니다. 교회가 가장 힘써야 할 일도 성도가 영적으로 성장할 수 있도록 훈련하는 것입니다. 성장이 있는 곳에 반드시 때가 되면 열매가 있을 것입니다. 개인과 교회의 영적 성장이 없이 맺는 열매들은 진정한 성령의 열매가 아니라 사람의 노력의 결과일 뿐이며 그것은 하나님의 영광을 드러내지 못합니다. 영적인 성장은 어린 아이의 성장과 같이 모든 거듭난 그리스도인의 자연스러운 과정이 되어야 합니다. 모든 그리스도인은 영적으로 성장하여 그리스도의 몸의 지체로서 자신의 부르심의 소망을 찾아 그 사명을 감당해야 합니다. 우리는 하나님의 군대의 일원으로서 마귀와의 영적 전쟁에서 중요한 역할을 감당하여 하나님 나라를 확장시키는데 공헌할 수 있습니다. 끊임없이 말씀을 먹고 영을 훈련하고, 감각 지식이 아니라 말씀을 따라 믿음으로 살며, 성령님의 인도를 받아 순종함으로써 하나님 나라에서 귀하게 쓰임 받도록 자신의 영적 성장과 훈련에 게으르지 맙시다.

2007년 1월 10일

김 진 호
크라이스트 앰버시 서울/용인교회 담임목사
예수선교사관학교 학교장

# 제 1 부

## 제 1 장
## 당신이 어디 있나 알아보기
### (Locating Yourself)

그러므로 이르기를 그가 위로 올라가실 때에 사로잡혔던 자들을 사로잡으시고 사람들에게 선물을 주셨다 하였도다… 그가 어떤 사람은 사도로, 어떤 사람은 선지자로, 어떤 사람은 복음 전하는 자로, 어떤 사람은 목사와 교사로 삼으셨으니 이는 성도를 온전하게 하여 봉사의 일을 하게 하며 그리스도의 몸을 세우려 하심이라 우리가 다 하나님의 아들을 믿는 것과 아는 일에 하나가 되어 온전한 사람을 이루어 그리스도의 장성한 분량이 충만한 데까지 이르리니 이는 우리가 이제부터 어린 아이가 되지 아니하여 사람의 속임수와 간사한 유혹에 빠져 온갖 교훈의 풍조에 밀려 요동하지 않게 하려 함이라 오직 사랑 안에서 참된 것을 하여 범사에 그에게까지 자랄지라 그는 머리니 곧 그리스도라

(엡 4:8, 11-15)

분명히 사도 바울은 에베소의 교회가 성장했다고 생각하지 않았습니다. 그가 "오직 사랑 안에서 참된 것을 하여 범사에 그에게까지 자랄지라"라고 말한 것을 보셨습니까?

그리고 이렇게도 말했습니다. "우리가 다 하나님의 아들을 믿는 것과 아는 일에 하나가 되어 온전한 사람을 이루어 그리스도의 장성한 분량이 충만한 데까지 이르리니"

이것은 킹 제임스 번역본입니다. 성경에서 '온전한' 것이라고 했는데 우리의 생각은 곧 다른 것으로 벗어나서 그가 우리에게 말하려고 한 것을 놓칠 수 있습니다. 모펫의 번역본은 '우리가 성숙할 때까지'라고 썼고, 확대번역본은 '우리가 진실로 성숙한 성년에 이를 때'라고 말하고 있습니다. 사도 바울은 여기서 영적으로 성년 혹은 성숙한 사람으로 자라는 것에 대하여 말하고 있습니다. "이는 우리가 이제부터 어린아이가 되지 아니하여" 그는 영적으로 성장하는 것, 영적 성숙함에 이르는 것, 영적으로 성장한 장년이 되는 것을 말하고 있습니다.

하나님은 우리가 자라기를 원합니다.

그리고 성경은 영적 성장과 육신적인 성장은 상당한 유사점이 있다고 가르치고 있습니다. 육신적인 성장에도 세 단계가 있는 것과 마찬가지로 영적인 성장에도 세 단계가 있다고 말합니다. 그것들은 유아기, 유년기, 장년기입니다.

우리가 이것을 그 순서대로 각 기간마다 나누어 보면 자연적인 성장에 있어서의 특성이 역시 영적 성장에도 나타나는 것을 볼 수 있습니다.

그리고 우리는 우리 자신이 어디에 속해있는가를 찾아 볼 수 있게 될 것입니다.

제 2 장

# 유아기
(Babyhood)

갓난 아기들 같이 순전하고 신령한 젖을 사모하라 이는 그로 말미암아 너희로 구원에 이르도록 자라게 하려 함이라

(벧전 2:2)

베드로전서에서 성경은 '신생아' 단계에 있는 그리스도인들에 관하여 말하고 있습니다. 그 누구도 자연적으로 육체적으로 성인으로 태어나는 사람은 없습니다. 그들은 모두 신생아로 태어나서 성장하는 것입니다. 마찬 가지로 아무도 온전히 성장한 그리스도인으로는 태어나지 않습니다. 우리는 영적인 신생아로 태어나서 성장하는 것입니다.

이러한 사실만으로도 훌륭한 설교가 됩니다. 우리 모두는 우리 강단에서 예수를 영접한 사람들이나 우리 교회에서 하나님의 가족으로 태어난 영적 신생아들에 대하여 책임이 있습니다.

나는 거의 12년간이나 목회를 했는데 정말로 영적인 아기들에게는 그들이 그들 자신을 위해 할 수 있는 것이 없기 때문에

우리도 많은 것을 기대할 수 없습니다. 그러므로 다른 사람들이 그들을 위해 무엇인가를 해 주어야 합니다.

많은 경우에 사람들이 주일 날 저녁에 구원을 받고 수요일 저녁이 오기도 전에 어떤 잘못을 저지르면 모든 교회 사람들이 알고 그들의 실수에 대하여 떠들어 댑니다. 사람들은 그들이 다음 수요일까지나 혹은 다음 주일까지 예수 믿은 지 몇 년이나 된 자기들과 같이 좋은 그리스도인들로 살아갈 것을 기대합니다. 수년 전에 나는 어떤 목사님을 위하여 2주간의 집회를 하게 되었습니다. 우리는 그 집회를 더 길게 계획했었지만 내가 중간에 집회를 중단해 버렸습니다.

사람들이 많이 왔습니다. 강당은 800석이었고 매일 밤 거의 가득 찰 정도였습니다. 사람들의 반응도 좋았습니다. 우리가 사실 전도 집회를 가진 것은 아니었습니다 – 나는 주로 가르쳤고 병자를 위해 기도했습니다 – 그러나 토요일 밤, 내가 사람들에게 구원받을 수 있는 결신의 시간을 처음 가졌을 때 33명의 성인들이 앞으로 나왔습니다. 그들은 앞에 죽 서 있었고 나는 그들을 위하여 기도를 했고 또 영접하는 기도를 인도했습니다. 그리고 나는 내가 병자를 위해 기도하고 있는 동안 그들을 기도 방으로 보내 다른 사역자들과 같이 기도하도록 하였습니다.

이 예배가 내게 인상 깊었던 것은 구원 받기 위해 나온 사람들이 대개 25세에서 32세 정도의 젊은 신혼부부들이었다는 것입니다. 나는 후에 그들이 전혀 그리스도인들이 아니었다는 것을 알게 되었습니다. 그들은 어떤 교회에도 속하지 않은 사람들이었습니다. 나는 예배 후에 목사님에게 그 젊은 사람들에 대해 물어 보았습니다.

그는 말했습니다. "33명중 누구 하나도 예수 믿다가 타락한 사람은 없습니다. 그들은 죄인으로서 구원을 받은 것입니다."

이것은 상당히 특별한 일이었습니다. 나는 목사님께 그들 중 하나라도 아느냐고 물었습니다.

"나는 그들 중 아무도 몰라요. 우리 교회에 한번도 온 적이 없는 사람들입니다"라고 그는 말했습니다. 내가 다시 물었습니다. "그러면 그들의 이름과 주소를 받으셨습니까?"

"아, 목사님 만일 그들이 은혜 받았으면 또 오겠지요. 그들에 대하여 걱정할 필요가 없습니다"라고 말하는 것이었습니다.

"나는 집회를 내일 저녁에 폐회 하겠습니다"라고 내가 말했습니다.

사람들은 다 아기로 태어납니다. 그들은 보살핌을 받아야 합니다. 그들은 그 교회에 한번도 와본 적이 없었습니다. 그들은 순복음의 말씀을 들어본 적이 없었습니다. 그들은 계속 접촉하며 기도도 같이 해주어야 하며 대화도 하며 보살펴야 할 사람들입니다. 그들은 신생아들이었습니다.

어느 도시에서 치유의 집회를 하는 부흥사를 도와주시던 어떤 한 목사님이 내게 말했습니다. "나는 도시 전체를 위한 연합집회를 돕는 일은 하지 않겠어요. 결코 안 할래요."

"왜 그러시는데요?" 내가 물어 보았습니다.

"나는 한 명도 그 집회에서 얻을 수 없었습니다. 한 명도 말이에요. 나한테는 전혀 좋은 일이 아니었습니다"라고 그 사람이 대답했습니다.

"정말 그래요?"

"정말입니다."

"당신은 강단으로 구원 받으려고 나오는 사람들의 이름을 적은 카드를 하나도 못 받았어요?"라고 내가 물었습니다.

"받기는 좀 받았지요. 그러나 아무도 오질 않았어요."

나는 그 도시의 다른 목사님하고도 같은 집회에 대하여 이야기 했는데 그 목사님은 "나는 그 집회를 통하여 29명의 새 신자를 얻었습니다. 그 목사님이 다시 오셨으면 좋겠습니다"라고 말했습니다.

"어떻게 새 신자를 얻었어요? 어떻게 그들이 목사님 교회로 오게 되었나요?"라고 내가 물었습니다.

"그들은 우리 교회에 대하여 아무 것도 모르고 있었어요. 나는 그 중 몇 명에 대한 카드를 받아서 심방을 했지요. 나는 우리 교회에만 오라고 하지는 않았지만 나는 그들이 좋은 순복음 교회에 나가서 앞으로 하나님과 계속 동행해야 한다고 강력히 권유했습니다. 그 중 몇 명이 우리 교회에 온 것입니다"라고 그가 대답했습니다.

우리는 영적 신생아들에 대하여 책임이 있습니다. 아기들은 잘 모릅니다. 아기들은 스스로 자기 일을 할 수 없습니다. 자연적인 신생아도 할 수 있는 것이 없습니다. 걷지도 못합니다.

옷도 혼자 입지 못합니다. 사실 그는 자신을 위하여 할 수 있는 일이 거의 없습니다. 하는 일이라고는 먹는 일밖에 없습니다. 그리고 먹는 것이라고는 우유밖에 없습니다. 영적으로 그들은 신생아입니다. 그리고 만일 그들이 진실된 말씀의 우유를 먹는다면 그들은 자랄 것입니다.

## 순수함(Innocence)

아기들을 볼 때 당신의 마음을 가장 사로잡는 것은 아마 그들의 순수함일 것입니다. 사람들은 "아, 너는 정말 사랑스럽고 순수한 아기야"라고 말하곤 합니다. 아무도 아이를 볼 때 그들이 과거를 가졌다고 생각하지 않습니다. 그들은 과거가 없습니다.

그러나 여러분은 아세요? 만일 당신이 그리스도 안에서 신생아라면 당신도 역시 과거가 없습니다. 당신이 전에는 마귀같이 악한 사람이었을 수도 있습니다. 당신은 살아 있는 사람 중에서 가장 나쁜 사람이었을 수 있습니다. 그러나 당신이 과거에 어떻게 살았던지 당신이 거듭났을 때 당신은 그리스도 예수 안에서 새 사람이 되었고 당신은 이제 과거가 없습니다. 하나님은 당신을 순수한 신생아같이 보십니다.

> 고후 5:17
> 그런즉 누구든지 그리스도 안에 있으면 새로운 피조물이라 이전 것은 지나갔으니 보라 새 것이 되었도다

순수함이 그리스도인의 신생아 단계에 속한 특징이라 할지라도 순수함은 우리가 자라면서도 결코 버려선 안 될 특성입니다. 우리는 이러한 순수함을 늘 유지해야 합니다. 만일 그렇지 않으면 마귀의 정죄에 빠져서 영적으로 패배할 것이기 때문입니다.

새로 거듭난 사람은 단순하고, 믿음으로 충만하고, 기꺼이 배울 준비가 되어 있습니다. 우리는 이렇게 배우고자 하는 영을 항상 유지해야 합니다. 그러나 혹 우리가 조금 성장하면서 모든 것을 아는 것 같은 태도, '나한테 어떤 말도 하지 마세요' 하는 태도를 갖게 될 수도 있습니다. 그런 사람은 아무도 도와줄 수 없을 뿐 아니라 하나님도 그들을 도와주실 수 없습니다.

내가 목회하던 한 교회에서 예배가 끝난 후 강당 뒤에 몇 명의 남자들이 모여 있었습니다. 내가 가서 그들 중 한 사람과 악수를 하자 한 집사가 말했습니다. "해긴 목사님, 이것에 대해서 어떻게 생각하십니까…" 그리고 그는 성경의 한 주제를 언급했습니다. 나중에 알았지만 그 사람은 나를 그들의 토론에 끌어 들이기 위해서 그런 질문을 한 것입니다.

"나는 당신들이 어디까지 토론하고 있었는지, 또 내가 당신들의 토론에 관해서 적절한 설명을 할 수 있을지 모르겠군요"라고 대답했습니다.

그 집사가 도와주려고 즉시 대답하였습니다. "제가 말씀드리지요. 목사님이나 또 다른 어떤 사람이라도 성경 말씀에 대해 내게 가르쳐 주실 수 없습니다. 나는 알 것은 다 알거든요. 나는 다 알고 있어요."

"만일 그렇다면, 당신은 나보다 더 낫습니다. 그리고 당신은 내가 보았고 알던 모든 목사님들보다도 낫고요. 또 어느 누구보다도 낫습니다"라고 내가 말했습니다.

"저는 다 알아요. 다른 사람들이 나를 가르쳐 줄 필요가 없어요"라고 그는 말했습니다.

그러나 사실 그렇게 말한 그 사람은 교회에서 가장 어린 아기였습니다. 그는 아무 것도 알지 못했습니다.

우리는 하나님과 사람에 앞에서 순수할 뿐 아니라 우리의 영이 항상 가르침을 받을 만한 영이 되도록 준비되어있어야 하겠습니다.

## 무지(Ignorance)

나의 두 아이들은 지금은 성장했고 그들 각자의 가정을 가지고 있습니다. 우리 아이들과 손자들을 보면서 아기들은 무엇이든지 손에 닿는 대로 입으로 가져가야 한다고 생각한다는 것을 알게 되었습니다.

신생아는 그의 손을 입에 넣습니다. 좀 자라서 바닥을 기어 다니다가 나사못 같은 것을 찾으면 입에 넣습니다. 숟가락을 잡아도 입으로 가져가고 거미를 찾아도 그의 입으로 가져갑니다.

아기들은 이런 것들에 대해 무지합니다. 그들은 어떤 것을 입에 넣어야 하며 어떤 것을 입에 넣지 말아야 할지 알지 못합니다. 그리고 이렇게 무지한 결과 아이들이 죽는 일도 있습니다. 그들이 독이 있는 것을 입에 넣고는 그것으로 말미암아 죽게 되는 것입니다.

내가 아는 어떤 경우는 14개월 된 아기가 마루를 기어 다니다가 큰 아이가 버린 듯이 보이는 상한 음식을 집어 먹었습니다. 이 아이는 의사에게 데리고 가기 전에 죽고 말았습니다. 부검 결과 독이 발견되었습니다. 그 부모들이 집에 가보니 잘 사용하지 않는 바닥에서 버려진 음식이 발견되었습니다. 그 아이는 그것을 먹으면 안 된다는 것을 알지 못했습니다. 그 아이는 그것을 먹으면 어떻게 된다는 것에 관해 무지했습니다.

내가 무슨 말을 하려고 하는지 아시겠지요? 영적으로도 이런 일은 똑같이 일어납니다. 우리는 우리의 영적인 입으로 무엇을 넣는지 조심해야 합니다. 우리가 육신적으로 무엇을 먹는지 조심해야 하는 것과 마찬가지로 우리가 무엇을 읽는지 조심해야 합니다. 그리스도인들은 종종 영적인 삶에 독이 되고, 그들의 영적인 능력을 도적질당하며, 그들이 받아들였다가는 그들의 간증 거리를 파멸시킬 독소를 가지고 있는 교리를 아무렇지도 않게 먹고 있는 것입니다.

수년 전에 한 교단의 목사님이 성령 충만함을 받고 하나님의 놀라운 경험을 했습니다. 나는 영혼을 구하는 데 있어 이보다 더 훌륭한 목사님을 본 적이 없었습니다. 그분은 정말 놀라웠습니다. 다른 사람들이 전혀 할 수 없는 곳에서도 그분은 사람들을 구원받게 했습니다. 내가 보기에는 미국에서 제일 훌륭한 목사님 12명을 뽑아서 그들이 다 설교하고 결신 시간을 갖는다 해도 이 목사님이 같은 회중을 놓고 설교한다면 다른 어떤 목사님들보다도 더 많은 사람을 구원시킬 것 같았습니다. 그것이 그의 사역이었습니다. 전도자로서의 사역이었습니다. 그러나 그는 잘못된 교리를 읽은 후 결국 그릇된 그 교리를 받아 들였고 그만 정로에서 벗어나게 되었습니다. 그리고 20년이 지나는 동안 어느 누구도 그 사람을 통해 구원받았다는 것을 들어보지 못했습니다.

나는 거듭나서 성령 충만함을 받은 후 영혼을 사랑함으로 영혼을 구원하며 또 그들에게 성령 충만함을 받게 하는 사람들을 압니다. 그러나 그들은 이상한 교리에 휩쓸려 버렸습니다. 그리고 그들 중 몇 사람이 나한테 이렇게 말했습니다. "하나님이 요즘은 다르게 역사하십니다." 아닙니다! 하나님은 요즘이라고 다르게 역사하고 있지 않습니다. 그들이 잘못된 곳으로 떨어진 것입니다. 그들이 하나님 말씀의 기본적인 진리와 교리에서 떠나 아무 것도 아닌 것으로 떨어져 버리고 만 것입니다.

어떤 것들은 정말 그 안에 독이 있습니다. 그러나 어떤 것들은 여러분이 믿거나 말거나 별로 차이가 나지 않는 것도 있습니다. 그것들은 구원에 필수적인 것들이 아니며 믿으나 안 믿으나 별 차이가 없는 것들입니다.

그러나 너무 많은 경우의 그리스도인들이 올바른 것은 빼놓고 세상의 모든 것을 먹고 그 독의 영향을 받습니다. 그리고는 그들은 그들의 제자들도 그들의 뒤를 따르게 인도하여 분리시킵니다. 그러나 만일 하나님의 영이 그 안에 있다면 하나님은 하나가 되는 일에 관심을 가지십니다. 당신은 에베소서 4장 13절에 "우리가 다 하나님의 아들을 믿는 것과 아는 일에 하나가 되어"라고 말씀하신 것을 기억하십니까? 그리스도인들을 분리시키는 것은 하나님의 영이 아닙니다 - 그것은 마귀에게서 오는 것입니다. 사랑의 영은 결코 나누지 않습니다.

나는 그리스도인들의 가정에서 내가 독이라고 생각하는 책들이 거실 탁자 위에 놓여 있는 것을 본 적이 있습니다. 그것들은 종교적인 책들이었지만 독이 있었습니다. (우리는 세상적인 책들에 대해서만 조심해야 될 것이 아니라 종교적인 책들에 대해서도 조심해야 합니다.) 나는 의도적으로 그 책들에 대하여 대화를 이끌어 갔습니다. 나는 그중에서 하나를 골라 이야기를 시작했습니다.

그 사람은 거듭나서 성령 충만한 그리스도인이었지만 "오, 그 책은 놀라운 책이에요"라고 말했습니다.

"그래요?"라고 나는 말했습니다.

"정말이에요."

내가 처음 그리스도인이 된 후 나도 이런 책을 보았던 경험이 있습니다. 나는 그 안에 있는 독을 바로 알아차렸습니다. 그래서 나는 그 책의 한 페이지를 찾아 크게 읽기 시작했습니다.

"해긴 목사님, 그 책에서는 성경 구절을 관주로 달아 놓았어요. 그것들은 정말로 성경에 있었어요."

"그럼요. 만일 그들이 성경 구절을 주지 않는다면 – 그들이 그것을 전체의 문맥과 상관없이 뽑아 놓았겠지만 – 사람들은 그것을 읽지 않겠지요. 당신이 개에게 독을 주려면 독만 주면 먹지 않겠지요. 아주 좋은 고기에다 그 독을 넣어야 먹을 것입니다."

당신은 내가 하는 말을 알아듣겠습니까? 좋은 고기에 독을 넣어야 개에게 먹일 수 있습니다. 마귀도 당신에게 좋은 성경 구절을 인용하여 독을 먹일 것입니다. 그러나 거기에는 독이 들어있습니다. 무엇을 읽는지 조심하십시오. 손에 잡히는 것을 모두 다 읽지 마십시오. 당신이 온전히 성숙한 그리스도인이고 그것을 온전히 분별할 수 없다면 그런 것들을 읽지 않는 것이 최선의 길입니다.

수년 전에 순복음 교회 목사님을 위해 집회를 했습니다. 그는 신학박사 학위를 소유한 교육을 잘 받은 분이었습니다. 그때까지 나는 그렇게 방대한 개인 서재를 본 일이 없었습니다. 바닥에서 천장까지 책이 얼마나 많이 있었는지 셀 수가 없었습니다. 나도 책을 좋아 하기 때문에 둘러보기 시작했습니다. 나는 거기서 3주간의 집회를 하는 동안 그의 책을 좀 읽었습니다.

그리고 하루는 그와 대화하는 중에 그가 내게 말했습니다. "해긴 목사님, 내가 아주 솔직하게 말씀드리겠습니다. 내가 읽은 책 중에는 안 읽었더라면 더 좋았을 책들이 있습니다. 그것들이 저를 방해하곤 합니다. 그것들은 다시 읽지 않는 데도 저를 방해하곤 합니다." 그리고 그는 몇 권의 책 이름을 말했습니다. 그것은 종교적인 책이었습니다. 그는 말했습니다. "나는 이런 것들은 안 읽었더라면 더 좋았을 것이라고 생각합니다. 그것이 오늘날 나의 믿음을 방해합니다. 지금 내가 하나님을 믿는 일을 방해하곤 합니다."

그 사람의 깊은 곳 의식 속에 그런 것들을 세우지 않았더라면 좋았을 것입니다. 그러나 그는 이미 읽어 버렸습니다.

내 속에 믿음을 세우기보다는 믿음을 빼앗아가는 책을 읽기 시작할 때 나는 얼른 책을 내려놓을 만한 지각은 있습니다. 무엇을 먹는지 주의 하십시오. 사람들 가운데 자연적인 식이요법에도 이런 말이 있습니다. "지금의 당신은 당신이 먹은 것의 결과입니다." 이것은 영적으로도 진리입니다. "지금의 당신은 당신이 읽은 것의 결과입니다."

## 과민반응(Irritability)

아기들은 쉽게 버릇없는 아이가 되어버립니다. 그리고 버릇없는 아기가 되면 과민하게 반응하게 됩니다. 아기들이 빛에 과민하여 늘 불을 켜 놓아야만 하는 경우도 있습니다. 늘 안아 주어야만 하는 아기가 되는 일도 쉽게 일어납니다. 그들은 아직 신생아들입니다.

그러나 성경은 이 아기들의 성장에 대해서 말하고 있습니다. 다윗은 "실로 내가 내 심령으로 고요하고 평안케 하기를 젖 뗀 아이가 그 어미 품에 있음 같게 하였나니 내 중심이 젖 뗀 아이와 같도다"라고 말했습니다(시 131:2). 성경은 이삭에 대하여 썼습니다. "아이가 자라매 젖을 떼고 이삭의 젖을 떼는 날에 아브라함이 대연을 배설 하였더라"(창 21:8).

그날은 그리스도인들이 젖병을 뗄 만큼 자란 날이므로 즐거운 날이어야 합니다. 그러나 여러분이 아는 것 같이 그렇지는 않은 것 같습니다. 그날은 잔칫날이어야 하는데 오히려 우는 날이 됩니다. 12년간의 목회를 통하여 나는 왜 교회가 지금 하는 일보다 더 많은 일을 할 수 없는지 알게 되었습니다. 교회에 신생아가 들어오면 주어야할 젖병이 없습니다. 모든 젖병들을 다 사용하고 있으니까요. 그리고 나이 먹은 아기들이 젖병을 내 놓지 않고 있는 것입니다. 영적인 유아실에는 침대마다 아기가 누워있어서 새로 들어온 신생아를 눕힐 침대가 없습니다. 그리고 나이 먹은 아기들은 일어나기를 싫어하고 침대를 내놓지 않고 있습니다.

내가 마지막으로 목회를 한 교회 앞집에 사는 두 여인이 있었습니다. 그들의 심령을 축복합니다. 나는 그들이 얼마나 오래전에 구원받았는지는 모르겠지만, 성령 충만함을 받고 방언을 말하기도 합니다. 그러나 그렇다고 성장한 그리스도인이 되는 것은 아닙니다. 그들은 세상에서 가장 큰 어린 아기들이었습니다. 그들의 뒤를 쫓아다녀야 했고, 또 쫓아다니고 또 쫓아다녀야 했습니다. 그들은 와서 다독거려주는 것을 좋아했습니다. 그들은 월요일에 찾아와 다독거려주기를 원해서 주일날 일부러 교회에 안 나오기도 했습니다.

그래서 나는 다독거리는 것을 중단했습니다.

한 집사가 나한테 그 일에 대해서 말했을 때 나는 이렇게 대답했습니다. "당신이 그들을 심방하고 싶으면 그렇게 하십시오. 나는 앞으로 절대로 가지 않겠습니다. 내가 사는 동안 내가 여기서 목회를 하는 동안 나는 다시 그들의 집에 발을 들여놓지 않겠습니다. 나는 그들을 위해 시간 낭비하는 것에 지쳤습니다. 그들은 아기들이고 아기들로 있고 싶어 합니다. 교회에는 도움이 필요한 다른 사람들도 있습니다. 새로 오신 사람들 심방도 해야 합니다. 새로 거듭난 사람들도 있고 또 그들은 가르침을 받아야 합니다."

그 나이 먹은 아기들에게는 아무 것도 가르칠 수 없었습니다. 그래서 나는 다독거리던 것을 중지하고 내가 거기서 목회하는 18개월 동안 다시는 그들을 심방하지 않았습니다. 그런데 어떻게 됐는지 아세요? 내가 방문하기를 중지하자 그들이 이전 보다 훨씬 더 교회에 충실해졌습니다.

우리는 영적으로 충분히 자라서 사람들이 우리를 돌봐주고, 부양해 주고, 일으켜 주고, 기도해 주고, 먹여 주는 것보다 우리가 다른 사람들을 도와 줄 수 있어야 합니다. 우리가 젖을 떼는 날이 오면 우리는 하나님께 정말 감사해야 합니다.

사실, 아기가 젖을 정상적으로 떼는 시간이 되면 젖병을 보기만 해도 얼굴을 돌립니다. 만일 그렇지 않다면 당신의 아기는 울보 아기입니다. 당신이 순전한 우유를 잘 먹이면 아기는 자라게 되어 있습니다. 베드로는 "신령한 젖을 사모하라 그래서 너희가 성장하리라"라고 말했습니다.

나는 목사님들이 내가 집회를 인도할 때 너무 어려운 말씀을 준다는 말을 들었습니다. "해긴 목사님, 우리 교인들이 지금 보다는 더 성숙해 져야 하는 것은 알지만 조심해야 합니다. 그들이 먹을 수 있는 것은 우유밖에 없어요. 내가 그들에게 준 것도 우유밖에 없습니다."

나는 그들에게 말했습니다. "아니요. 당신은 그들에게 우유조차 주지 않았습니다. 여기서 목회를 30년 하셨는데 그동안 우유를 주었더라면 그들이 조금은 자랐을 것입니다. 베드로는 우리가 자랄 것이라고 했습니다."

그들은 자라지 않았습니다; 그들은 우유도 제대로 먹은 것 같지 않았습니다. 그들은 물을 탄 묽은 우유를 먹은 것뿐이었습니다. 이것은 우유에서 기름을 모두 뺀 것입니다.

아이들은 쉽게 욕구불만도 되고 집중력이 없고 마음도 잘 상합니다. 주님은 우리를 쉽게 욕구불만이 되지 않는 곳으로 이끌어 오시기를 원합니다. 하나님은 우리들의 마음이 쉽게 다른 곳으로 빼앗기지 않는 곳으로 인도하고 싶어 하십니다. 그리고 그는 우리의 마음이 쉽게 상처받지 않는 곳으로 인도하시길 원하십니다.

## 제 3 장

# 유년기
(Childhood)

> 이는 우리가 이제부터 어린 아이가 되지 아니하여 사람의 속임수
> 와 간사한 유혹에 빠져 온갖 교훈의 풍조에 밀려 요동하지 않게
> 하려 함이라
>
> (엡 4:14)

바울은 여기에서 영적인 어린아이들에 대하여 말하고 있습니다. 그는 이 편지를 에베소 교회에 썼습니다. 그리고 우리는 그곳에 적어도 12명의 성인 남자가 있었던 것을 알고 있습니다. 사도행전 19장 7절에는 12명의 남자들이 언급되고 있지만 나는 그곳에 더 많은 사람들이 있었다고 확신합니다. 바울이 "이제 우리는 더 이상 아이가 아니다"라고 했을 때 그들이 더 이상 영적인 어린아이가 아니며 이제는 성장해야 한다고 말하고 있는 것입니다.

영적 성장에서 유년기의 특성은 육신적 유년기의 특성과 비슷합니다.

## 불안정(Unsteadiness)

내 아들이 13, 14살 때 나는 내 아들에게 마당의 풀을 깎으라고 했습니다. 그가 잔디 깎는 기계를 잡고 나가는 기세를 보아서는 아마 30분이면 다 해치우리라고 생각을 했을 것입니다. 그 때 우리의 잔디 깎는 기계는 손으로 미는 것이었고 마당은 그리 넓지 않았습니다. 그가 계속 일한다면 45분이면 끝낼 수 있었습니다. 나는 시내에 볼일이 좀 있었습니다. 내가 1시간 반이 지난 후 돌아왔을 때 잔디 깎는 기계가 마당 한 가운데 서 있었습니다. 내가 떠난 이후 겨우 두 줄 쯤 풀을 깎아 놓은 상태였습니다. 나는 그를 찾아보았습니다. 내 아내에게 그가 어디 있느냐고 물었습니다.

"모르겠어요. 당신이랑 같이 가지 않았어요?" 내 아내의 말이었습니다.

"아니요." 나는 말했습니다. 그리고 나는 아이들이 길에서 공차기를 하지 않나 살펴보았습니다. 만일 아이들이 공을 차고 있다면 나는 내 아들은 거기 있을 것을 알았습니다. 그들은 공차기를 하고 있었고 내 아들은 거기 있었습니다.

그는 꾸준하지 못했습니다. 우리는 그런 그를 믿을 수 없습니다. 몇 번이나 언급했지만 아이에게 어른의 머리를 붙여 놓을 수는 없습니다. 불가능한 일입니다. 영적으로도 마찬가지입니다.

어머니가 어린 딸에게 말합니다. "설거지를 끝내고 바닥을

닦아라. 나는 옆집에 잠깐 갔다 오겠다." 딸이 시작은 잘합니다. 그러나 어머니가 돌아왔을 때 설거지는 반밖에 안 끝났고 메리는 온데간데 없습니다. 어머니는 밖에 나가서 불러봅니다. 한참 후에 어머니는 메리가 길 건너 이웃집 아이인 수지와 인형놀이를 하고 있는 것을 보게 됩니다.

자연적인 어린아이들은 불안정하고, 믿을 수 없고, 감수성이 예민하고, 변하기가 쉽습니다. 영적인 아이들도 마찬가지입니다.

새로 교회에 목사님이 부임하면 사람들이 모두 나옵니다. 내가 목회를 하러 어떤 교회에 부임하면 사람들이 둘러서며 등을 두드리기도 하고 악수를 하며 "해긴 목사님, 나는 목사님과 모든 일에 같이 합니다. 100% 같이 합니다. 나는 목사님 편입니다"라고 말합니다. 6개월이 지나도 나는 그들을 다시 보지 못합니다. 9개월이 지났는데도 나는 그들을 보지 못합니다. 나는 "그들이 내 뒤에 있는데… 그들이 내 뒤에 있다고 말했는데"라고 생각했습니다. 문제는 그들이 내 뒤에 너무 멀리 있어서 내 손이 닿지 않았습니다. 그들은 내 뒤에 너무 멀리 있기 때문에 교회나 나에게 아무런 유익이 되지 않습니다.

그때 나는 전도자로서 이 교회 저 교회로 집회를 하며 수년간 다녔습니다. 첫 번째나 두 번째 집회에 사람들이 나와서 나와 악수를 하며 목을 안고 말을 하곤 합니다. "하나님께 감사합니다. 나는 당신과 뜻이 같습니다. 나는 정말 이것이 진리라고 믿습니다. 우리는 굉장한 부흥회를 가질 것입니다." 그런 다음 두세 주간의 집회 동안 한번도 나타나지 않습니다. 마지막 주일 날 저녁이 되어 목사님이 이제 집회가 끝난다고 광고를 하면 그 사람들은 다시 나와 아무 것도 모르는 것 같이 목사님을 바라보며 이렇게 말합니다. "목사님, 집회를 그만 끝내시는 것은 아니죠?" 그 사람들에게 집회는 항상 잊혀져 있었던 것입니다.

## 호기심(Curiosity)

아이들은 호기심으로 가득합니다. 쇼핑백을 들고 들어와 부엌의 식탁에 놓기가 무섭게 여덟 살이던 우리 둘째 손녀딸은 얼른 가서 쇼핑백을 들여다봅니다. 그 아이는 호기심으로 가득했습니다. 그 아이는 그 안에 뭐가 있는지 알고 싶었던 것입니다.

물론 시간과 기회가 있었는데도 영적으로 전혀 자라지 못한 영적 아이들은 무슨 이상한 소문이 돌기만 하면 그것에 대해 알고 싶어 합니다. "누가?" "누가?" 그들은 호기심으로 가득 차있습니다.

호기심은 아이들의 특성입니다. 당신이 아이들에게 옷장을 들여다보지 말라고 하면 그들은 분명히 들여다볼 것입니다. 호기심. 영적인 아이들도 마찬가지입니다. 그들은 언제나 다른 사람의 일에 끼어들어 참견하곤 합니다. 하나님의 말씀은 우리들이 우리 자신의 일을 잘 해내기 위해 주어졌습니다. 하나님은 당신이 다른 사람들의 일에 참견하는 것을 좋아하지 않으십니다. 조용히 자신의 일을 잘 해내는 것을 배우십시오.

내가 목회를 하는 중에 한 사람이 와서 내가 내 돈을 가지고 무엇을 하는지 알고 싶다고 했습니다. 나는 "당신은 당신 돈을 가지고 무엇을 합니까?"라고 물었습니다.

"그것은 당신이 알 바가 아닙니다"라고 그가 말했습니다.

"그렇다면 내가 내 돈으로 무엇을 하는지도 당신이 알 바는 아니라고 생각합니다"라고 나는 말했습니다.

그는 말을 알아들었습니다. 교인들이 그들의 돈으로 무엇을 하든 목사님이 알 바가 아닌 것과 마찬가지로 목사님이 그의 돈으로 무엇을 하는지도 교인들이 알 바가 아닙니다.

호기심은 어린이의 특성 중 하나입니다.

## 말이 많은 것(talkativeness)

어린이들은 침묵의 가치에 대해 배우지 못했습니다. 그들은 말이 많습니다. 그리고 당신은 영적 성장에서도 유년기의 수준에서는 언제나 말이 많은 것을 발견하게 될 것입니다.

하나님의 말씀에서 이것을 언급 하신 것을 아십니까? "말이 많으면 허물을 면키 어려우나 그 입술을 제어하는 자는 지혜가 있느니라"(잠 10:19). "일이 많으면 꿈이 생기고 말이 많으면 우매자의 소리가 나타나느니라"(전 5:3). 우리는 조용히 하는 것을 배워야 합니다. 어린이들은 잘 알지 못하기 때문에 항상 지껄이고 있는 것입니다.

나는 내 아들이 세살 때의 일을 기억합니다. 우리는 주일날 밤 교회에서 늦게 돌아와 잠을 자게 되었습니다. 나는 두 번이나 설교를 했기 때문에 매우 피곤했습니다. 우리는 큰 방에서 모두 같이 잤습니다. 그 아이는 우리 침대 건너편의 침대에서 잤습니다. 아기는 아기 침대에 있었습니다. 불은 꺼서 깜깜했습니다.

"아빠"하고 그 아이가 말을 했습니다.

나는 아직 잠이 안 들었지만 자는 척하면 그가 조용하여 잠을 자리라고 생각했습니다.

"아빠"

나는 아무 말도 하지 않았습니다.

"아빠"

나는 아무 말도 하지 않았습니다.

"아빠"

나는 아무 말도 하지 않았지만 그는 점점 더 크게 부르고 있었습니다.

"아빠!"

결국 내 아내가 나를 찌르며 조용히 말했습니다. "왜 아이에게 대답을 하지 않아요?"

나는 속삭이며 말했습니다. "그 애가 얼마나 말하기를 좋아하는지 아니까요." 그는 세살이었고 침묵의 가치에 대해서는 전혀 알지 못했습니다. 말을 하기 시작하면 끊이지 않았습니다. 그래서 내가 대답을 안 하면 내가 자는 줄 알고 저도 자리라고 생각했습니다. 그러나 그는 점점 더 큰 소리로 불렀습니다.

"아빠! 아빠! 아빠!"

드디어 나는 대답했습니다. "아들아, 왜 그러니?"

"내일은 무슨 날이에요?"

나는 대답했습니다. "조용히 하고 잠이나 자렴. 지금은 자는 시간이야."

"내일은 무슨 날이에요?"

"월요일이다. 자거라." "그러면 그 다음은 무슨 날이에요?"

"화요일이지."

"내일은 언제나 월요일인가요?"

"아니, 내일은 언제나 월요일이 아니야. 내일이 오면 그 내일은 화요일이야."

"아빠, 내일이 월요일이라고 했잖아요."

"내일이 월요일인데 월요일이 오면, 그리고 내일은 화요일이라고."

"내일이 월요일인데 어떻게 화요일이 되지요?"

"글쎄 원래 그렇다니까."

"그럼 그 다음날은 무슨 날이에요?"

"수요일이지."

"그럼 내일은 항상 있는 거예요?"

"그럼, 이제 어서 조용히 하고 자자."

"그럼 다음 날은 무슨 날이에요?"

"목요일."

"또 그 다음 날은 무슨 날이에요?"

"금요일."

"그럼 그 다음날은 무슨 날이에요?"

"토요일."

"그럼 그 다음 날은요?"

"일요일이지. 그게 오늘이야."

"그럼 오늘은 항상 일요일이에요?"

"아니 오늘만 오늘이야. 월요일이 오면 월요일이 오늘이 되지"

"아빠가 내일이라고 했잖아요."

"네가 나를 혼란하게 만들었구나. 이제 조용히 해. 조용히 안하면 내가 일어나서 때려줄 거야."

  자연적인 어린이들 같이 영적인 어린이들은 침묵의 가치를 전혀 배우지 못했습니다. 우리는 우리가 말하는 것을 조심해야 합니다.

  파더 내쉬라는 분은 찰스 피니의 부흥회가 시작되기 전 그 도시에 가서 몇 명을 모아 그 집회를 위해서 기도하곤 했습니다. 한 사람이 피니에게 물어 보았습니다. "당신은 파더 내쉬라는 목사를 압니까?"

  "압니다. 그는 부흥회 전에 가서 부흥회를 위해 기도합니다. 나는 그 사람을 고용한 것이 아닙니다. 그가 자진해서 하는 일입니다"라고 피니가 말했습니다.

  "어떤 사람인가요?"라고 그 사람은 물었습니다.

"그는 기도하는 다른 사람들과 똑같지요 – 말이 없는 사람입니다"라고 피니가 대답했습니다.

항상 말을 많이 하는 사람은 대개 세 가지 죄를 짓는 사람입니다. 그들은 나쁘게 말하는 죄를 자주 짓습니다 – 그곳에 없는 사람들의 잘못이나 실패를 말하며 토론하곤 합니다. 그리고 그들은 쓸데없는 말을 하는 죄를 짓습니다 – 항상 자기 자신들의 이야기를 합니다. 내가 무엇을 하고 있고, 앞으로는 무엇을 하겠고, 어디를 갔다 왔다는 이야기입니다. 그리고 그들은 가끔 바보스런 말을 하는 죄를 짓습니다 – 희롱, 농담과 무익한 이야기들입니다.

## 1. 나쁘게 하는 말(Evil Speaking) – 본인이 없는 곳에서 그들의 실수와 잘못을 말하고 토론하는 일

(우리는 곧 이런 성장의 부정적인 면을 끝내고 긍정적인 면으로 가겠습니다. 그러나 이런 면도 잘 다루어야 할 필요가 있습니다.)

나는 우리 아들이 12살 쯤 되었을 때 오클라호마에서 집회를 하고 있었습니다. 4일 동안 학교가 쉬었기 때문에 나는 텍사스 집으로 가서 그를 데리고 며칠을 같이 지내려고 했습니다. 나는 매일 집회 때문에 그와 많은 시간을 보낼 수 없었습니다. 우리는 목사관에서 목사님과 사모님과 함께 거하고 있었습니다.

하루는 식탁에서 목사님이 그 교회 교인들의 실수와 잘못에 대해서 이야기하기 시작했습니다. 나는 나의 아들이 자꾸 그 목사님을 쳐다보는 것을 알아차렸습니다.

드디어 나는 그 식탁에서 그 목사님에게 이야기했습니다. "목사님, 내 아들 앞에서 그런 이야기들은 하지 않으셨으면 좋겠습니다."

그는 놀라서 나를 쳐다보았습니다.

"차라리 저 아이 앞에서 당신이 욕을 하는 게 나을 것 같습니다. 그 욕은 저 아이 머리에 박히지 않아요. 저 아이가 거기에는 관심이 없어요. 그러나 12년간 제가 목회를 하는 동안 저 아이는 우리 교회 교인들이 모두 천사라고 생각을 했답니다" 라고 내가 말했습니다.

물론 그들이 천사 같지는 않았습니다 – 그 목사님 교회의 교인들과 마찬가지였습니다. 그러나 내 아들 켄은 그들 모두 날개가 돋아나고 있다고 생각했습니다 – 켄은 그들이 어깨뼈가 불거져 나온 것이라는 것을 몰랐습니다. 그는 그의 부모들이 어느 집사나 주일학교 교사나 주일학교 교장이나 혹은 다른 교회 교인들에 대하여 이야기 하는 것을 들어 본 적이 없었습니다.

우리들은 우리가 어린 자녀들이나 혹은 다른 사람들 옆에서 무슨 이야기를 하는지 조심해야 합니다.

나는 사랑스런 한 사람을 기억합니다. 그녀의 심령에 축복이 있기를. 우리가 기도 요청을 할 때마다 그녀는 말했습니다.

"누구누구를 위하여 기도해 주세요"하고 그의 남편의 이름을 부르곤 했습니다. 그가 가끔 그녀와 같이 교회에 오곤 했지만 그녀는 남편이 같이 와있다는 생각을 하지 않고 그와 함께 할 때에도 일어나 그의 이름을 부르곤 했습니다. 그는 나를 좋아하였고 나는 그를 방문하곤 했습니다. 우리들은 성경에 대하여 이야기하곤 했습니다. 사실로 말하면 그 여자보다도 그 남자가 성경을 더 많이 알고 있었습니다. 그와 이야기를 하면서 나는 한 가지를 알게 되었습니다. 나는 그녀가 잘못하고 있는 것이 무엇인지 알게 되었습니다. 그래서 그녀와 그 얘기를 했지만 큰 도움이 되지 않았습니다.

그러던 어느 수요일 밤에 다른 사람들은 없었고 우리들만 있을 때 그녀는 또 말했습니다. "누구누구를 위하여 기도해 주세요." 그래서 내가 말했습니다. "자매님, 우리는 그 기도를 하지 않을 것입니다."

나는 강단에서 그녀에게 말했습니다. "우리는 그 기도를 하지 않을 것입니다. 다시는 그를 위하여 기도 요청을 하지 마세요. 우리는 기도하고 또 기도했습니다. 그러나 당신이 그 기도들을 다 무효화해 버렸습니다. 당신이 교회에서 돌아간 후 당신 생각에 어떤 여자가 좀 이상한 눈초리를 보였으면 당신 남편한테 그 여자가 얼마나 나쁜 사람인지 이야기하곤 합니다. 그리고 만일 목사가 당신이 원하는 대로 설교를 하지 않으면 당신은 집으로 달려가 목사가 얼마나 나쁜 사람인지 말합니다. 나는 그와 이야기를 나누어서 압니다. 당신이 이야기를 하지 않았다면 당신 남편이 그런 것들을 알 수가 없었겠지요. 그는 교회에서 일어나는 일들에 대해서 교회에 있는 어느 누구보다도 더 잘 알고 있었습니다. 당신이 집으로 달려가 모든 것, 사실이 아닌 것도 다 일러바치니까요. 모든 사람의 잘못, 실패와 약점을 다 재탕을 합니다. 당신이 그러는 동안 우리의 기도 효과는 다 손상되는 것입니다."

나는 그 사람에 대해 감사하게 생각하게 되었습니다. 그녀는 그것을 다 들은 후 온전히 바로 섰습니다. 그녀는 놀라운 그리스도인이 되었습니다. 그리고 그 남편도 구원을 받았습니다. 나는 그녀를 심하게 다루었지만 그녀는 잘 받아들였습니다. 그녀는 무식한 사람이 아니었습니다. 머리에 무엇이 좀 들어 있는 사람들은 진실하게 말할 때 알아듣습니다. 어떤 사람은 전혀 깨닫지 못하므로 당신이 할 수 있는 만큼만 도와줄 수밖에 없습니다.

## 2. 쓸데 없는 말(Vain Speaking) - 항상 자기 자신에 대한 이야기를 하는 것

때론 교회에 가서 너무 피곤합니다. 우리가 하는 찬송도 전부 내가 한 일에 대해서, 내가 느낀 것에 대하여 혹은 무슨 일이 일어났는지에 대한 것뿐입니다. 우리는 주님을 거의 경배하지 않습니다. 나는 이것이 하나님께서 우리 가운데서 더 많이 역사하지 않는 이유라고 생각합니다. 성경은 사도행전

13장에서 안디옥에 있던 무리에 대하여 "주를 섬겨 금식할 때에 성령이 가라사대…"(2절)라고 말하고 있습니다. 그들은 서로를 섬긴 것이 아닙니다. 우리가 충분히 겸손하고 순종한다면 하나님은 우리를 사용하실 수 있습니다. 나는 우리가 크고 훌륭한 사람이라는 인상을 남기는 일을 좋아하지 않습니다. 하나님이 사람을 어떻게 사용하시는지 말하는 것은 괜찮습니다. 그리고 하나님께서 사람을 사용하신다는 것에 기뻐합니다. 그러나 나는 어떤 모임에서 그 주최하는 사람들이 자연적인 입장에서 어떻게 서로 자랑하는지 앉아있기 괴로운 적도 있습니다.

하나님의 축복에 감사를 드립니다. 그러나 쓸데없는 말을 하지 않도록 주의해야 하겠습니다.

## 3. 바보 같은 말(Foolish Speaking)

친절한 것은 좋습니다. 그리고 가끔 우스운 이야기를 하는 것도 좋습니다 - 그러나 우리가 그런 것에 너무 많은 시간을 보낼 수 있으므로 조심해야 합니다. 성경도 적절하지 않은 익살과 농담에 대해서 언급하고 있습니다. 성경은 이것을 꼭 죄라고 이야기하지 않지만 이것이 유익하지는 않다고 말합니다.

> 엡 5:4
> 누추함과 어리석은 말이나 희롱의 말이 마땅치 아니하니 오히려 감사하는 말을 하라

나는 어떤 훌륭한 사람을 위하여 집회를 했습니다. 나는 그를 좋게 생각합니다. 그는 많이 변했습니다. 그러나 나는 그때 그 사람처럼 농담을 많이 하는 사람을 본 적이 없습니다. 우리는 그때 하루에 두 번 예배를 드렸습니다. 그리고 그는 나를 볼 때마다 새로운 농담을 하곤 했습니다. 나는 그가 그런 것들을 어떻게 다 기억하는지 알 수가 없었습니다. 그는 나에게 하루에 최소한 세 개의 새로운 농담을 했습니다. 아침 예배, 저녁 예배와 그리고 예배가 끝난 후 간단한 음식을 먹으러 나갈 때 그는 내게 새로운 농담을 했습니다. 어떤 때는 몇 개씩 하곤 했습니다.

나는 설교를 할 때 항상 성경 구절을 인용합니다. 그런데 하루는 간단한 음식을 먹으러 나가면서 그는 내게 이렇게 말하였습니다. "나는 당신같이 성경을 잘 기억하였으면 좋겠습니다."

"당신이 농담을 위해 시간을 보내는 것 만큼만 성경 말씀에 시간을 들인다면 당신도 얼마든지 할 수 있습니다. 어떻게 그렇게 농담을 잘 기억하세요? 나는 도무지 기억을 못해요. 내가 누구한테 그 농담을 말하려고 하면 나는 항상 망쳐버리고 말지요"라고 내가 말했습니다.

문제는 내가 그런 것들에 관심이 없었다는 것입니다.

그러나 내가 농담이 잘못된 것이라고 말했다고 몰아 붙이지는 마십시오. 나는 그렇게 말하고 있지 않습니다. 나는 그런 것들을 우선적으로 자꾸 쓸데없는 말만 하면서 하나님을 도외

시하는 일이 잘못이라고 말하고 있습니다. 나는 영적인 성장을 방해하는 것을 말하고 있는 것입니다. 우리가 그런 것들을 들고 말을 한다면 영적으로는 결코 성장하지 않을 것입니다.

나는 목사이기 때문에 다른 사람들보다 목사님들하고 더 많이 교제합니다. 이상하게도 목사님들과 교제하는 데 있어서 영적인 이야기를 하는 사람은 별로 없습니다. 나는 순복음 교회들에서 많은 집회를 가졌습니다. 그러나 목사님들은 낚시나 사냥에 대하여 혹은 그들의 목장에 소가 몇 마리인지 집이 몇 채나 있는지 또는 땅이 얼마나 있는지에 대해 이야기하기를 원합니다. 나는 가끔 낚시를 가는 것이 좋다고 생각합니다. 사냥을 가는 것도 좋다고 생각합니다. 땅이 있는 것도 좋다고 생각합니다. 나는 그 사람들에게 그런 것들이 있어서 참 좋습니다. 그러나 하나님의 일을 좀 깊이 말하기 시작하면 그 사람들은 좀 이상한 사람 보듯이 쳐다봅니다.

나는 그렇지 않은 사람들도 있어서 기쁘지만 너무나 많은 사람들이 그렇습니다. 그리고 우리가 항상 자연적인 일만 이야기한다면 영적으로 자랄 수 없습니다.

제 4 장

# 장년기
(Manhood)

영적으로 장년기에는 많은 성경적 특성들이 있습니다. 사실 이 책 전체가 이런 영적인 사람들에 대해 알아보기 위해서 쓰여졌습니다. 우리가 다룰 세 가지의 특성들은 다음과 같습니다.

1. 이 세상의 일들을 가볍게 여깁니다.
2. 비난이나 칭찬에 무관심하다.
3. 하나님이 역사하고 있는 것을 아는 능력이 있다.

## 이 땅의 일들을 가볍게 여기기
(Esteeming Earthly Things Lightly)

> 믿음으로 모세는 장성하여 바로의 공주의 아들이라 칭함 받기를 거절하고 도리어 하나님의 백성과 함께 고난 받기를 잠시 죄악의 낙을 누리는 것보다 더 좋아하고 그리스도를 위하여 받는 수모를 애굽의 모든 보화보다 더 큰 재물로 여겼으니 이는 상 주심을 바라봄이라
>
> (히 11:24-26)

모세는 그가 장성했을 때, 그가 성인이 되었을 때 바로의 딸의 아들이라 불리기를 거부했습니다.

그가 무엇을 거부했는지 생각해 보십시오. 그는 하나님의 백성과 세상 사람들의 차이를 알게 되었습니다. (애굽은 세상의 상징입니다.) 세상적으로 그는 바로의 딸의 아들로서 왕위를 계승할 서열에 있었습니다. 그에게는 영예와 부와 특권이 있었습니다. 그는 세상에서 제공하는 모든 것들을 가지고 있었습니다. 그러나 그리스도를 위한 수모를 애굽의 보물보다 더 귀하게 생각했습니다. 애굽의 보물을 이어 받을 상속자로서 그는 고난을 택한 것입니다. 장년기 특성 중 하나는 세상의 일을 가볍게 여기는 것입니다. 영적인 일 위에 세상의 일을 올려놓고서는 영적으로 성장할 수가 없습니다.

하나님은 그의 백성이 번성하기를 원합니다. 그는 우리들에 대해서 관심이 있습니다. 그는 우리들에게 이 세상의 좋은 것으로 주시기를 원합니다. 그는 그의 말씀에서 "너희가 즐겨 순종하면 땅의 아름다운 소산을 먹을 것이요"(사 1:19)라고 말씀하셨습니다. 그러나 하나님은 우리가 그런 세상 것들을 우선으로 하는 것을 원치 않으십니다.

어떤 사람들은 하나님을 섬기는 것보다 돈 버는 것에 더 관심이 있습니다. 당신이 영적인 사람이 되려면 영적인 것이 먼저여야 합니다. 당신은 돈이나 다른 세상적인 것보다 영적인 것을 더 존중해야 합니다.

돈을 소유하는 것이 나쁜 것은 아닙니다. 그러나 돈이 당신을 소유해서는 안 됩니다. 돈이 당신의 통치자, 당신의 주인이 되게 해서는 안 됩니다.

하나님은 당신이 번영하는 것을 원하십니다.

> 요삼 2
> 사랑하는 자여 네 영혼이 잘됨 같이 네가 범사에 잘되고 강건하기를 내가 간구하노라

이것은 재정적, 물질적 번영, 육신적 번영, 그리고 영적인 번영을 말하고 있습니다. 다시 봅시다. "사랑하는 자여 네 영혼이 잘됨 같이(영적 번영) 네가 범사에 잘되고(물질적 번영) 강건하기를(육신적 번영) 내가 간구하노라."

시편 1편은 참 아름답습니다 – 그리고 하나님이 우리에게 좋은 것을 주기를 원하시는 것이 너무나도 분명합니다.

> 시 1:1-3
> 1 복 있는 사람은 악인들의 꾀를 따르지 아니하며 죄인들의 길에 서지 아니하며 오만한 자들의 자리에 앉지 아니하고
> 2 오직 여호와의 율법을 즐거워하여 그의 율법을 주야로 묵상하는도다
> 3 그는 시냇가에 심은 나무가 철을 따라 열매를 맺으며 그 잎사귀가 마르지 아니함 같으니 그가 하는 모든 일이 다 형통하리로다

하나님은 우리가 번성하기를 원합니다.

그러나 우리에게 필요한 것은 사물을 제대로 평가하는 것인데, 그것은 세상적인 것을 가볍게 여기며 우선되어야 할 것을

먼저 놓는 것입니다.

우리는 목사님들은 다 그렇게 살아야 한다고 생각합니다. 만일 목사님이 월급을 더 많이 주는 큰 교회로 부임하여 간다면 사람들은 "목사님은 돈을 더 벌려고 가신거지"라고 생각할 것입니다. 그러나 그들은 더 좋은 직장을 잡는 데 있어서 멀리 이사해야 하기 때문에 좋은 영적인 교회를 두고 떠나 영적으로 타락하게 된다 해도 아무렇지도 않게 생각합니다. 나는 수년 전 어떤 사람과 이야기를 한 적이 있습니다. 나는 그가 사는 도시에 갔다가 우연히 길에서 그를 만났습니다. 이것은 경제 공황 때(1933년 경)의 이야기입니다. 그는 수입이 좋은 직장에 다니고 있었습니다. 그런데 그에게는 한달에 50달러를 더 벌 수 있는 좋은 직장이 생겼습니다. 요즈음은 이것이 얼마 안 되는 돈이지만 경제적으로 어려웠던 그 당시에는 상당히 큰 돈이었습니다. 나는 부양해야할 가족이 있는 남자들임에도 불구하고 한달에 50달러도 벌지 못하는 사람들을 많이 알고 있었습니다. 그는 돈을 잘 벌고 있었지만 다른 도시에서 지금보다 한달에 50달러를 더 벌수 있는 직장이 생긴 것입니다.

"목사님은 내가 그 도시로 이사 가는 것을 알고 계셨습니까?" 그가 물었습니다.

그는 순복음 교회의 교인이었고, 그가 이사를 간다는 곳에는 순복음 교회가 없는 것을 나는 알고 있었습니다. 그래서 나는 "그곳에는 어떤 교회들이 있습니까?"라고 물었습니다.

"무슨 말씀인지 잘 모르겠는데요?"

"거기에 순복음 교회가 있습니까?"라고 내가 다시 물었습니다.

"모릅니다. 그런 생각은 해본 적이 없는데요"라고 그는 대답했습니다.

"그럴 것입니다. 당신은 한 달에 50불을 더 버는 것에만 관심이 있었으니까요. 그러나 잠깐 생각해 보십시오. 나는 당신이 오순절 교회로 오기 이전부터 알고 있었습니다. 나는 당신이 가지고 있던 돈을 다 써버린 상태였다는 것도 압니다. 의사들은 당신의 부인이 위암이라고 생각했지요. 그러나 그녀가 성령 세례를 받은 후 아무도 그녀를 위해 기도하지 않았어도 그녀는 치유를 받았고 원하는 것을 다 먹을 수 있게 되었지요. 또 나는 당신 아들 중 하나가 병에 걸려서 당신이 수천 불을 쓴 것도 알지요. 그러나 신유를 가르치는 교회에서 아들은 건강하게 잘 지내왔습니다."

"맞아요. 당신이 맞습니다"라고 그가 대답했습니다.

"내가 알기에는 그 도시에는 순복음 교회가 없어요"라고 내가 말했습니다.

(만일 그 사람이 그 곳에 가서 교회를 개척하려고 한다면 그것은 또 다른 이야기이겠지만 그에게는 그럴만한 능력이 없었습니다.)

그는 "저는 한 번도 그런 생각을 해 보지 않았습니다"라고 말했습니다.

"아니요. 당신은 당신의 가족들을 영적으로는 물론 육신적으로도 큰 축복을 받고 올바른 복음을 가르치는 좋은 교회에서 겨우 50달러 때문에 빼내려는 것입니다. 나는 당신에게 '가라'거나 '가지 말라'고 말하지 않겠습니다. 그러나 당신이 기도를 더 해봐야 할 것 같습니다"라고 내가 말했습니다.

그 후 그 사람을 만났을 때 그는 "나는 가지 않기로 했습니다. 그럴만한 가치가 없다고 생각합니다"라고 말했습니다.

어떤 남자와 그의 부인이 달라스에서 내가 하던 집회에 참석하러 왔습니다. 그녀의 어머니는 이미 돌아가셨지만 내가 수년 전에 목회하던 교회의 교인이었습니다. 그녀의 어머니는 훌륭한 그리스도인이었으며 경험이 없는 젊은 나이에 아기를 기르던 나와 아내에게는 큰 축복이었습니다.

나는 그녀의 딸이 그리스도인이 아니었다는 것을 알았습니다. 이 딸이 어머니를 만나러왔으며 그 어머니는 딸이 구원을 받지 못했다고 했습니다. 그러나 그 후에 그녀는 구원을 받았고 성령 충만함을 받았습니다. 그리고 독립적인 순복음 교회를 다니고 있었습니다. 그 교회는 아주 좋은 교회였습니다. 그리고 그녀는 하나님과 동행하고 있었습니다.

그래서 나는 "요즘은 어느 교회를 나가십니까?"라고 물었습니다.

그녀는 대답했습니다. "저는 교회 안 다녀요"라고 대답했습니다.

"무슨 말이세요. 나는 당신이 어느 교회의 교인인 줄 알고 있는 데요"라고 하며 특정한 교회의 이름을 말했습니다.

"지금은 그곳에 교회가 없어 졌어요. 오래 전에 문을 닫았어요. 그리고 다른 목사님이 왔지요. 우리 목사님은 타락해서 교하는 것을 그만둬 버렸어요. 그 후 우리는 교회를 특별히 정하지 않고 여기 저기 다니지요. 목사님이 여기 계신 동안 우리는 여기 올 거예요."

"그러면 십일조는 어디에 하십니까?"라고 내가 물었습니다.

"우리는 그것도 그만두었습니다. 우리 목사님한테 십일조를 내곤 했지요. 그러나 그가 타락한 걸요."

"그가 타락했다고 당신들도 타락할 필요는 없지요." 나는 그녀가 고맙게 받아들이든 말든 상관없이 말했습니다. "당신들은 교회에 정착해서 하나님의 일을 해야 되고, 주님을 경배해야 합니다. 구르는 돌에는 이끼가 끼지 않는다고 하지 않습니까?"

우리는 서로가 필요합니다. 우리는 서로 교제하는 것이 필요합니다.

어떤 사람은 내게 이렇게 말합니다. "해긴 목사님, 나는 집에서도 다른 사람들처럼 좋은 그리스도인이 될 수 있어요."

그렇지 않습니다. 성경은 "모이기를 폐하는 어떤 사람들의 습관과 같이 하지 말고 오직 권하여 그 날이 가까움을 볼수록 더욱 그리하자"라고 말합니다(히 10:25).

우리는 주님이 다시 오시는 그날이 가까이 옴을 봅니다. 우리는 서로가 필요합니다. 우리는 성장해야 합니다. 우리는 세상의 것을 가볍게 여겨야 합니다. 우리는 하나님을 첫째로 놓아야 합니다.

우리는 교회 목사님이나 사모님, 혹은 주일학교 교사들을 사랑해서 교회에 가는 것이 아닙니다. 우리는 하나님을 사랑하고 그를 경배하기 원해서 교회에 가는 것입니다.

어떤 경우 사람들은 먼저 해야 할 일을 우선적으로 하지 않기 때문에 자녀들을 잃어버리는 수도 있습니다. 육신적으로 자란 아이들은 하나님으로부터 멀리 떠나 버립니다. 왜냐하면 그들은 그릇된 모범들을 봐왔기 때문입니다.

우리는 우리 딸이 여섯 살쯤 되었을 때 텍사스 셔만에 있는 처갓집에 성탄절을 기해 방문한 적이 있습니다. 성탄절이 토요일이었습니다. 그 다음날이 주일이었습니다. 나는 57마일 정도 떨어진 곳에서 설교를 하게 되어 있었습니다. 비가 오고 좋지 않은 날씨였습니다. 밖에는 살을 에는 듯한 찬 바람이 막 불어대는 날이었습니다.

주일 날 아침 나의 장모님이 말했습니다. "내가 팻을 보아 줄 테니 놔 두어라. 그 애가 기침이 심하고 열도 있는 것 같아."

내가 말했습니다. "아니요. 우리는 그 애를 여기 두지 않겠습니다. 우리는 기도를 했고 하나님을 믿습니다. 그리고 어제 여기 오는 데도 그 애는 기침을 했는걸요. 사실 오늘은 많이 나았습니다. 만일 우리가 그 애를 교회와 주일학교에 데리고 가지 않으면 우리는 여섯 살짜리 애한테 교회에 가는 것보다 할머니하고 성탄 저녁을 먹는 것이 더 중요하다는 인상을 남길 것입니다. 그것은 나의 믿음과 다른 것입니다."

당신은 사람들이 어디서 자녀들을 잃어버리는 줄 아시겠습니까? 그리고 왜 그들이 성장해서 교회를 향해 불신하는지 아시겠습니까?

우리가 말로만 해선 안 됩니다. 성경은 "마땅히 행할 길을 아이에게 가르치라 그리하면 늙어도 그것을 떠나지 아니하리라"고 말씀합니다(잠 22:6).

F. F. 보즈워스는 말했습니다. "어떤 사람들은 왜 자신들이 치유를 위한 믿음을 가질 수 없는지 궁금해 합니다. 그들은 몸을 위해 하루에 세 끼씩 따뜻한 음식으로 잘 먹이고 영에게는 한 주일에 겨우 한 번 차가운 간식만 조금 먹입니다."

당신의 심령으로 영적인 것을 우선으로 하겠다고 결심하십시오. 가장 중요한 일을 우선적으로 하십시오. 이 땅의 일들은, 만일 그것이 당신의 친척이라도 가볍게 여기십시오. 그들보다 하나님을 우선으로 하십시오. 당신의 목숨보다도 하나님을 우선으로 하십시오. 당신은 영적으로 축복을 받을 것이고 육신적으로도 더 좋아질 것입니다 – 당신과 당신의 가족이 다 그렇게 될 것입니다.

## 비난이나 칭찬에 무관심
## (Deadness to Censure or Praise)

> 고전 4:3-4
> 3 너희에게나 다른 사람에게나 판단 받는 것이 내게는 매우 작은 일이라 나도 나를 판단하지 아니하노니
> 4 내가 자책할 아무 것도 깨닫지 못하나 이로 말미암아 의롭다 함을 얻지 못하노라 다만 나를 심판하실 이는 주시니라

바울은 은혜 안에서 오직 하나님의 칭찬만을 바라보는 데까지 자라났습니다. 그는 다른 사람들이 그를 어떻게 생각하는지에 대해서는 영향을 받지도 않았고 감동을 받지도 않았습니다. 그는 다른 어떤 사람에게도 매이지 않았습니다. 이것은 육신적인 독립이 아니고 신성한 위엄이었습니다.

사랑의 법이 그를 지배했습니다. 그는 쉽게 화를 내지 않았고 까다롭지도 않았습니다. 하나님의 사랑이 뿌려진 그의 영이 그를 지배했던 것입니다.

성숙치 못한 그리스도인들은 스스로 얕잡아 보인다고 느끼며 화를 내기도 합니다. 만일 그들이 비판을 받으면 – 비판을 받지 않았더라도 비판 받았다고 상상을 하면 – 그들은 이성을 잃고 불안해하며 자기 연민에 빠져 버립니다. 이와는 반대로 사람들이 알아주고 감사하면 그들은 기분이 좋아져서 자기가 중요하다고 느끼곤 합니다.

유아 그리스도인들은 자의식이 강합니다. 그리고 다른 사람들이 자기들을 어떻게 생각하는지에 관심이 많습니다. 그러므로 그들은 '여기 저기 흔들리고' 유치하게 인기를 원합니다.

성숙한 신자들은 하나님을 의식합니다. 그리고 '하나님의 말씀이 자기에 관해, 그리고 자기를 향해 뭐라고 말씀하시고 있나'에만 관심이 있습니다. 왜냐하면 바울과 같이 간증할 수 있기 때문입니다. 그는 "내가 너희들에게 혹은 사람들에게 판단을 받는 일은 아주 작은 일이다"라고 담대하게 그의 확신을 말할 수 있었습니다.

그는 고린도전서 13장 5절에서 확대 번역본에서 묘사하는 사람과 같았습니다. 그는 자부심이 없었고 거만하거나 자만심으로 충만하지 않습니다. 그는 쉽게 화를 내거나 불평하거나 성을 잘 내지도 않습니다. 그는 그에게 행해진 악을 세지 않습니다 – 지나간 어려움에 대해 주의를 기울이지 않습니다.

## 하나님이 역사하고 있는 것을 아는 능력
(Ability to Recognize God at Work)

이 특징의 가장 좋은 영적인 예는 요셉입니다.

당신은 그가 어떤 일들이 일어나는 꿈을 꾼 것과 그 형제들이 어떻게 질투한 것을 기억하시지요. 그들은 그를 죽이려고 했습니다. 그러나 결국은 그를 노예로 팔았습니다. 그래서 그는 애굽으로 팔려갔고 결국 거기서 그 주인의 부인의 소원을 들어 주기를 거절하여 감옥에 가게 됩니다. 그는 감옥에서 7년을 있었습니다.

대부분의 사람들은 견디기가 어려워 이렇게 말했을 것입니다. "하나님은 나를 7년이나 잊으셨구나."

그는 감옥에 같이 있던 죄수인 바로의 술 맡은 관원의 꿈을 해석해 주었습니다. 그는 술 맡은 관원이 사흘 만에 풀려서 그 자리를 다시 회복하리라고 해석해 주었습니다. 요셉은 술 맡은 관원에게 그가 나가면 바로에게 자기 이야기를 해 달라고 부탁했습니다. 요셉이 말한 대로 술 맡은 관원은 풀려났지만 그는 요셉에 대해서 잊어버렸습니다. 2년 후에나 요셉이 풀려나게 되었습니다.

그 2년 동안 대부분의 사람들은 또 속이 상해서 이렇게 말했을 것입니다. "그러면 그렇지. 사람들을 도와줘도 아무 소용이 없어."

그러나 요셉도 감옥에서 나갈 때가 왔습니다. 그리고 드디어 그는 애굽의 총리가 되었습니다.

그의 고국에 가뭄이 들어 그 아버지가 식량을 구해오라고 그의 형제들을 애굽으로 보냈습니다. 그들은 총리인 요셉 앞에 오게 되었습니다.

그들은 요셉을 알아보지 못했습니다. 그러나 요셉은 그들을 알아보았습니다. 그들은 요셉을 노예로 팔아버린 바로 그 사람들이었습니다. 요셉은 자기가 누군지 말하지는 않고 물었습니다. "당신들이 말하는 당신들의 늙은 아버지는 잘 계십니까?" 그들은 그가 건강하시다고 대답했습니다.

베냐민은 그들과 같이 오지 않았습니다. 그래서 요셉은 그들에게 말했습니다. "너희는 이같이 하여 너희 진실함을 증명할 것이라 바로의 생명으로 맹세하노니 너희 말째 아우가 여기 오지 아니하면 너희가 여기서 나가지 못하리라."

그들은 돌아가서 아버지에게 그렇게 말했습니다. "그 땅의 주, 그 사람이 엄히 우리에게 말씀하고 '너희 말째 아우를 내게로 데려오라 그리하면 내 얼굴을 보리라' 고 했습니다."

불쌍한 야곱은 이것이 하나님께로부터 온 것인지 알지 못했습니다. 그는 요셉을 잃었습니다. 그리고 이제 그들이 베냐민을 또 데려 가려고 합니다. 그는 모든 일이 그에게 잘못되어 가고 있다고 생각했습니다. 그러나 사실은 그렇지 않았습니다. 모든 일들이 그를 위해 이루어져가고 있었습니다. 다만 그는 알지 못했을 뿐입니다.

배가 고프면 무슨 일이라도 할 수 있지요. 그래서 베냐민이 그들과 같이 갔습니다. 그들이 거기 갔을 때 요셉은 그들을 위하여 큰 잔치를 베풀었습니다. 그리고 그는 "내가 요셉입니다"라고 선포했습니다.

무슨 일이 일어난 줄 아세요?

그 모든 사람들은 바닥에 무릎을 꿇었습니다. 그것은 요셉이 꿈에 본 그대로입니다 – 그의 형제들이 그의 앞에 절을 하고 있었습니다.

이것은 영적으로 성숙하지 못하고 아직도 어린이들인 대부분의 사람들에게는 정말 한번 뽐내볼만한 좋은 기회였을 것입니다. 이것이 요셉으로서는 바지 멜빵에 엄지손가락을 딱 끼고 "형제들이여, 저를 다시 보십시오. 내가 꾸었던 꿈들이 생각나세요? 그 꿈들이 다 이뤄진 것이지요"라고 말할 수 있는 좋은 기회였습니다.

그러나 요셉은 그 영혼의 도량이 큰 사람이었습니다. 그는 "걱정 마십시오. 하나님이 하신 일입니다"라고 말했습니다. "당신들이 나를 이곳에 팔았으므로 근심하지 마소서 한탄하지 마소서 하나님이 생명을 구원하시려고 나를 당신들 앞서 보내셨나이다. 하나님이 큰 구원으로 당신들의 생명을 보존하고 당신들의 후손을 세상에 두시려고 나를 당신들 앞서 보내셨나니"(창 45:5, 7).

당신이 상황 가운데 하나님이 역사하고 계시는 것을 볼 수 있게 되면 어떤 일이 일어나도 당신은 기뻐할 수 있습니다!

# 제 2 부

## 제 5 장
# 아버지와의 동행
### (Walking With Your Father)

그러므로 내가 너희에게 이르노니 목숨을 위하여 무엇을 먹을까 무엇을 마실까 몸을 위하여 무엇을 입을까 염려하지 말라 목숨이 음식보다 중하지 아니하며 몸이 의복보다 중하지 아니하냐 공중의 새를 보라 심지도 않고 거두지도 않고 창고에 모아들이지도 아니하되 너희 하늘 아버지께서 기르시나니 너희는 이것들보다 귀하지 아니하냐 너희 중에 누가 염려함으로 그 키를 한 자라도 더할 수 있겠느냐 또 너희가 어찌 의복을 위하여 염려하느냐 들의 백합화가 어떻게 자라는가 생각하여 보라 수고도 아니하고 길쌈도 아니하느니라 그러나 내가 너희에게 말하노니 솔로몬의 모든 영광으로도 입은 것이 이 꽃 하나만 같지 못하였느니라 오늘 있다가 내일 아궁이에 던져지는 들풀도 하나님이 이렇게 입히시거든 하물며 너희일까보냐 믿음이 작은 자들아 그러므로 염려하여 이르기를 무엇을 먹을까 무엇을 마실까 무엇을 입을까 하지 말라 이는 다 이방인들이 구하는 것이라 너희 하늘 아버지께서 이 모든 것이 너희에게 있어야 할 줄을 아시느니라 그런즉 너희는 먼저 그의 나라와 그의 의를 구하라 그리하면 이 모든 것을 너희에게 더하시리라 그러므로 내일 일을 위하여 염려하지 말라 내일 일은 내일이 염려할 것이요 한 날의 괴로움은 그 날로 족하니라

(마 6:25-34)

이것은 놀라운 구절입니다. 그러나 지금은 내가 여러분에게 두 가지를 잘 보여 주기 원합니다. 32절에 "너희 천부께서 이 모든 것이 너희에게 있어야 할 줄을 아시느니라"라고 말하였고 26절에서는 "너희 천부께서 기르시나니"라고 말하였습니다.

이것은 죄인(불신자)에 대하여 말하는 것이 아닙니다. 왜냐하면 하나님은 죄인의 아버지가 아니기 때문입니다. 어떤 사람들은 우리가 모두 하나님의 자녀라고 이야기합니다. 하나님은 우리 모두의 아버지이시고 우리는 모두 형제와 자매라고 이야기합니다. 그러나 아닙니다. 그렇지 않습니다. 그들의 아버지는 마귀입니다.

예수님은 당시 가장 종교적인 사람들에게 "너희는 너희 아비 마귀에게서 났으니"라고 말씀하셨습니다(요 8:44). 그는 우리 하나님 아버지가 그들의 아버지라고 말씀하시지 않았습니다. 그는 마귀가 그들의 아버지라고 말씀하셨습니다.

그러나 우리가 거듭나서 하나님의 자녀가 되고나서도 정말 아버지를 잘 알지 못하는 경우가 너무 많습니다. 우리의 주제는 성장, 즉 영적인 성장입니다. 우리는 하늘 아버지와 잘 알아감으로써 성장해야 합니다.

내가 동부 텍사스에서 이런 주제를 가르칠 때 한 여인이 내게 말했습니다. "해긴 목사님, 나는 구원받은 지 11년이나 되었습니다. 구원을 받은 후 줄곧 예수님을 사랑했어요. 그러나 어쩐지 저는 아버지를 잘 알지 못하고 지금까지 지내왔어요. 목사님이 이런 것들을 가르치시니 나는 하늘에 계신 아버지를 잘 알게 된 것 같아요. 그리고 그분을 죽도록 사랑하겠습니다."

이것은 그 여자의 표현이었습니다.

성경에 있는 진리 중에서 가장 높은 진리는 우리가 거듭나고 하나님의 가족 안에 들어오면 하늘에 계신 아버지가 우리 아버지이고 그가 우리를 돌보신다는 축복된 사실입니다.

하나님 아버지는 우리들에게 관심이 있습니다. 내 말은 우리 개인 하나 하나에게 관심이 있다는 말입니다. 하나의 집단으로서, 혹은 몸으로, 혹은 교회로서가 아니라 우리 개인 하나 하나에게 관심이 있습니다. 하나님은 그의 자녀 하나 하나 동일한 사랑으로 관심을 가지고 계십니다.

예수님은 마태복음에서 유대인들에게 설교하고 있었습니다. 그러나 그들이 예수님을 이해하지 못한 한가지 이유는 하나님을 그의 아버지라고 말했기 때문입니다. 예수님은 친절하고 사랑하시는 하늘의 아버지를 그들에게 소개하려고 애를 쓰셨습니다. 그들은 그런 하나님을 이해할 수 없었습니다. 그의 메시지는 "하나님이 세상을 이처럼 사랑하사 독생자를 주셨으니…"였습니다. 그들은 도무지 그것을 이해할 수 없었습니다.

옛 언약은 죄와 사망의 법의 언약이었습니다. 이것은 눈은 눈으로 이는 이로 하는 법이었습니다. 당신이 때려서 내 눈이 빠졌으면 나도 당신을 때려 눈을 빼 놓는 것이었습니다.

이것은 무서운 심판이 따르는 하나님이 요구하는 법이었습니다. 그들은 그들의 본성이 변화되지 않았기에 그 법을 지킬 수 없었습니다. 그래서 그는 레위족속의 제사장을 세워서 동물의 피로 그들의 죄를 덮게 하여 하나님 눈앞에 그들이 의롭게 여겨질 수 있게 했습니다. 그런 후에야 하나님은 그들을 축복할 수 있었습니다. 사람들의 죄가 속죄양의 머리에 고백되어 졌습니다. 그리고 그 양은 광야로 내 몰렸습니다. 그리고 심판은 그들 대신 그 양에게 내려졌습니다. 그들은 이렇게 어렵고 모진 정의의 분위기에 있었습니다.

하나님이 모세에게 법이 적혀진 돌 판을 주셨을 때 불과 연기가 산에 가득 찼습니다. 만일 동물이라도 그곳에 범접하게 된다면 칼로 내려치게 되어 있었습니다.

구약에서는 처음에 성막을 지었고 두 번째로 성전을 지었지만 그들은 하나님을 하나님 아버지로 알지 못했습니다. 그들은 엘로힘이나 여호와로만 알았습니다. 그들은 하나님을 개인적으로 알지 못했습니다. 그들은 하나님과 개인적인 친분이 전혀 없었습니다. 하나님의 임재는 지성소에 갇혀 있었습니다. 이스라엘의 모든 남자는 적어도 일년에 한번씩은 예루살렘 성전에 올라가 하나님 앞에 자신을 보여야 했습니다. 그곳이 하나님이 계신 곳이었습니다. 그리고 그들은 하나님의 임재에 감히 들어가지 못했습니다.

아무도 대제사장 외에는 하나님의 임재에 직접 들어가지 못했습니다. 대제사장도 들어갈 때 각별히 조심해야 했습니다. 만일 당신이 그곳에 잘못 들어가게 된다면 – 그런 사람이 정말 있었습니다 – 당신은 당장 쓰러져 죽습니다. 대제사장도 짐승의 피로 그와 그의 백성의 죄를 위하여 제물을 드리고서야 지성소에 들어가 그들의 죄를 속량 받을 수 있었습니다 – 말하자면 그들의 죄를 미래로 보내버린 것입니다.

그들은 이렇게 어렵고 모진 분위기속에 있었습니다. 예수님이 오셔서 사랑하시고 친절한 하나님 아버지를 소개할 때 그들이 이해를 못한 것은 당연한 일인지도 모릅니다.

그러나 내가 생각하기는 유대인만 그런 것이 아닌 것 같습니다. – 나는 오늘날 전능하신 하나님의 아들과 딸들도 그와 비슷하다고 생각합니다. 그들은 그분을 아버지로 잘 알지 못합니다.

여기 예수님이 하나님 아버지에 대해 언급한 몇 가지 말씀이 있습니다.

"그 날에는 너희가 아무 것도 내게 묻지 아니하리라 내가 진실로 진실로 너희에게 이르노니 너희가 무엇이든지 아버지께 구하는 것을 내 이름으로 주시리라"(요 16:23).

"아버지께서 친히 너희를 사랑하심이라"(요 16:27).

"…구하기 전에 너희에게 있어야 할 것을 하나님 너희 아버지께서 아시느니라 그러므로 너희는 이렇게 기도하라 하늘에 계신 우리 아버지여…"(마 6:8-9). 얼마나 사랑스러운지 보십시오. "우리 아버지…"

나는 바울이 에베소 교회를 위하여 기도할 때 말한 것을 좋아합니다. 그는 그의 기도를 이렇게 시작합니다.

"이러므로 내가 하늘과 땅에 있는 각 족속에게 이름을 주신 아버지 앞에 무릎을 꿇고 비노니…"(엡 3:14, 15).

오, 나는 이 구절이 정말 좋습니다. 나는 무릎을 꿇고 바울이 말한 대로 "내가 하늘과 땅에 있는 각 족속에게 이름을 주신 아버지 앞에 무릎을 꿇고 비노니"라고 기도하는 것을 좋아합니다. 이것은 모든 것을 실제화 합니다. 어렵고 모진 분위기에서 완전히 벗어난 것입니다. 이것은 종교가 아닙니다. 이것은 종교와는 아무런 관계가 없습니다.

어떤 사람들은 "당신은 종교가 있습니까?"라고 묻습니다.

하나님께 감사합니다. 내게 종교라고는 조금도 없습니다. 나는 조금도 원하지 않습니다. 종교일 때 그분은 '하나님'입니다 - 그러나 한 가족이면 그분은 '아버지'입니다.

그분이 죄인들에게는 '하나님'일지 모릅니다. 그러나 나에게는 '아버지'입니다. "내가 하늘과 땅에 있는 각 족속에게 이름을 주신 아버지 앞에 무릎을 꿇고 비노니" 이것은 아버지와 한 가족이 된 것입니다! 우리는 하나님의 가족 안에 속합니다. 당신이 어느 교회에 있느냐는 중요하지 않습니다 - 중요한 것은 당신이 어떤 가족에 속해 있느냐는 것입니다.

## 말씀을 통하여 알아가기
(Getting acquainted Through the Word)

나는 내가 그분의 가족이어서 기쁩니다. 나는 아버지와 더 잘 알게 되기를 원합니다. 당신은 어떠십니까? 나는 아버지를 더 잘 알기 원합니다. 당신도 그렇지요? 하나님께 감사합니다. 우리는 하나님을 잘 알 수 있습니다.

어떻게 그를 더 잘 알 수 있을까요? 우리가 어떻게 우리 아버지를 더 잘 알게 될 수 있을까요?

나는 스미스 위글스워스가 말한 것을 좋아 합니다. "나는 하나님을 느낌으로 이해하지 못합니다. 나는 하나님 아버지를 말씀이 그분에 대해 말하는 것으로 알 수 있습니다. 그는 말씀이 말하는 그대로입니다. 말씀을 통하여 아버지를 알아 가십시오."

우리는 말씀에서 아버지에 대하여, 그분의 사랑에 대하여, 그분의 성품에 대하여, 우리에게 얼마나 관심이 있으신 지에 대하여, 그분이 우리를 어떻게 사랑하는 지에 대하여 알 수 있습니다. 예수님 자신도 "사람이 떡으로만 살 것이 아니라(어떻게 우리가 살아야 합니까?) 하나님의 입에서 나오는 모든 말씀으로 살지어다"라고 말씀하셨습니다.

> 마 6:26
> 공중의 새를 보라 심지도 않고 거두지도 않고 창고에 모아들이지도 아니하되 너희 하늘 아버지께서 기르시나니 너희는 이것들보다 귀하지 아니하냐

예수님께 직접 설교를 듣던 사람들도 결코 이해하지 못했습니다. 그것은 그들에게 새로운 것이었습니다. 이것은 우리들에게도 거의 새로운 것입니다. 우리도 이해하지 못합니다. 왜

냐하면 우리들은 정의의 하나님을 두려워하고 위축되도록 교육을 받아왔기 때문입니다. 우리는 예수님이 우리들에게 가지고 오신 하나님의 사랑의 면을 전혀 보지 못했기 때문입니다.

마 6:30, 31
30 오늘 있다가 내일 아궁이에 던져지는 들풀도 하나님이 이렇게 입히시거든 하물며 너희일까보냐 믿음이 작은 자들아
31 그러므로 염려하여 이르기를 무엇을 먹을까 무엇을 마실까 무엇을 입을까 하지 말라

또 어떤 번역본은 "그러므로 믿음이 없는 말을 하지 말라. 무엇을 먹어야하지? 무엇을 마셔야하지?"라고 썼습니다. 만일 우리가 그렇게 말한다면 믿음이 없는 것입니다.

마 6:32, 33
32 이는 다 이방인들이 구하는 것이라 너희 하늘 아버지께서 이 모든 것이 너희에게 있어야 할 줄을 아시느니라
33 그런즉 너희는 먼저 그의 나라와 그의 의를 구하라 그리하면 이 모든 것을 너희에게 더하시리라

하나님은 당신이 필요한 것들을 당신으로부터 빼앗아가지 않을 것입니다 – 그것들은 당신에게 더하여 질 것입니다. 이것이 아버지께서 그분의 자녀들을 사랑한다는 것을 증거합니다.

마 6:34
그러므로 내일 일을 위하여 염려하지 말라 내일 일은 내일이 염려할 것이요 한 날의 괴로움은 그 날로 족하니라

나는 "내일을 위하여 근심하지 말라"라고 쓴 번역본을 좋아합니다. 어떤 경우에는 약속을 해 놓거나 계획하기 위하여 내일에 대해 생각해야만 합니다. 그분이 여기서 말하려는 것은 정말로 "내일에 대해서 근심하지 말라"는 것입니다. 하나님은 그의 자녀들이 근심으로 차 있는 것을 좋아하지 않으십니다. 그분은 우리들이 초조한 것을 좋아하지 않으십니다. 왜냐고요? 왜냐하면 그분은 우리를 사랑하시기 때문입니다.

당신의 하늘에 계신 아버지는 이런 것들이 당신에게 필요하다는 것을 알고 계십니다. 그러므로 걱정과 초조와 불안을 가지지 마십시오. 만일 그분이 당신의 아버지라면 그분이 아버지의 자리에서 아버지의 역할을 할 것을 확신할 수 있습니다. 만일 그분이 당신의 아버지라는 것이 확실하면 그분은 당신을 사랑하시고 당신을 돌보실 것입니다.

> 요 14:21-23
> 21 나의 계명을 지키는 자라야 나를 사랑하는 자니 나를 사랑하는 자는 내 아버지께 사랑을 받을 것이요 나도 그를 사랑하여 그에게 나를 나타내리라
> 22 가룟인 아닌 유다가 이르되 주여 어찌하여 자기를 우리에게는 나타내시고 세상에는 아니하려 하시나이까
> 23 예수께서 대답하여 이르시되 사람이 나를 사랑하면 내 말을 지키리니 내 아버지께서 그를 사랑하실 것이요 우리가 그에게 가서 거처를 그와 함께 하리라

여기에서 우리는 그의 자녀들을 향한 아버지의 태도를 볼 수 있습니다. 2가지가 강조되었습니다:

## 1. 나의 계명을 지키는 자

무엇이 예수님의 계명입니까? 그는 "새 계명을 너희에게 주노니 서로 사랑하라 내가 너희를 사랑한 것 같이 너희도 서로 사랑하라"라고 말씀 하셨습니다(요 13:34). 이것이 요지입니다. 다른 계명을 지키려고 근심할 필요가 없습니다. 사랑은 율법을 완성하기 때문입니다(롬 13:10). 만일 당신이 예수님의 계명을 지킨다면 그것은 모든 계명을 다 지킨 것과 마찬 가지입니다.

## 2. 너희는 내 아버지의 사랑을 입을 것이다

당신이 사랑으로 행하면 하나님은 사랑이시므로 당신은 하나님의 영역에서 걷는 것입니다. (우리는 이것을 6과에서 더욱 자세히 살피겠습니다.) 우리의 훌륭한 하나님 아버지는 사랑의 하나님이십니다. 그의 본성 – 그분은 사랑이시므로 – 자체가 우리를 돌보시며 보호하시며 지키는 것입니다.

> 마 7:11
> 너희가 악한 자라도 좋은 것으로 자식에게 줄 줄 알거든 하물며 하늘에 계신 너희 아버지께서 구하는 자에게 좋은 것으로 주시지 않겠느냐

하물며(How much more)! 이것은 내 영에 전율을 느끼게 합니다. 하물며(How much more)! 당신은 부모이십니까? 당신은 당신의 자녀들이 가난에 찌들고 병들어 괴로워하며

억압되며 풀이 죽고 쇠약한 사람으로 살아가는 것을 계획하고 당신의 목적과 뜻이라고 하겠습니까? 아닙니다! 부모는 그들의 자녀들을 사랑하기 때문에 희생합니다. 그들은 일하고 희생하면서 그들의 자녀들이 교육을 받아 그들이 가졌던 것보다 더 나은 인생을 살아가도록 도와주기를 원합니다. 그들은 자녀들을 사랑하기 때문에 그들이 가졌던 인생의 어려운 일에서 자녀들을 보호하기를 원합니다. 그것이 예수님이 말씀하시고 있는 것입니다. "너희들이 악하더라도(혹은 자연적으로)…"

아들과 딸로서의 우리의 관계는 하나님의 사랑을 향한 도전입니다. 예수님이 세상에 계실 때 아버지와 가졌던 것과 똑같은 관계를 우리도 아버지와 가지고 있습니다.

> 요 17:23
> 곧 내가 그들 안에 있고 아버지께서 내 안에 계시어 그들로 온전함을 이루어 하나가 되게 하려 함은 아버지께서 나를 보내신 것과 또 나를 사랑하심 같이 그들도 사랑하신 것을 세상으로 알게 하려 함이로소이다

아버지는 예수님을 사랑하셨던 것과 똑같이 우리를 사랑하십니다! 그리고 만일 그분이 예수님을 사랑하신 것처럼 나를 사랑하신다면 나는 인생의 문제들을 대면하면서도 아무 두려움이 없습니다. 왜냐하면 그분은 주님과 함께 계셨던 것과 같이 나와 함께 계시기 때문입니다.

요 16:32
보라 너희가 다 각각 제 곳으로 흩어지고 나를 혼자 둘 때가 오나니 벌써 왔도다 그러나 내가 혼자 있는 것이 아니라 아버지께서 나와 함께 계시느니라

당신과 나도 이렇게 말할 수 있습니다. "나는 혼자 있지 않습니다. 왜냐하면 아버지께서 나와 함께 계시기 때문입니다." 만일 그가 예수님을 사랑하시듯 나를 사랑한다면 그는 예수님과 함께 하신 것 같이 나와 함께 하시기 때문입니다. 나는 혼자 있지 않습니다.

요 16:27
이는 너희가 나를 사랑하고 또 내가 하나님께로부터 온 줄 믿었으므로 아버지께서 친히 너희를 사랑하심이라

아버지 자신이 당신을 알고 당신을 사랑하시고 축복하기를 원하십니다. 이 사실은 우리에게 위로를 줍니다.
예수님이 아버지에 관하여 언급한 성경 구절을 배경으로 다른 성경 구절들이 새롭게 비춰지는데 그 성경 구절들은 즉시 우리에게 더 실제적이 됩니다. 그것들은 우리들에게 더욱 확실하게 해 줍니다.

벧전 5:7
너희 염려를 다 주께 맡기라 이는 그가 너희를 돌보심이라

이것은 아버지의 심령 가운데로부터 당신과 내게 보낸 말씀

입니다. 그는 우리에게 더 이상 근심하지 말라고 하십니다 – 두려움도 의심도 이제 그만 끝내라고 하십니다. 당신은 이렇게 말할 수 있습니다. "내가 정말 그렇게 할 수 있을까요?" 물론이지요. "어떻게요?" 모든 근심을 그분께 맡김으로 할 수 있습니다. 하나님은 당신 자신을 포기하고 그의 사랑과 관심에 당신을 온전히 의탁하시기를 원하십니다. 그래서 "네 염려를 다 주께 맡기라 이는 그가 너희를 돌보심이라"라고 말씀하셨습니다. 확대 번역본에서 이렇게 말하는 것을 나는 좋아합니다. "너의 근심을 모두 – 너의 모든 불안, 모든 걱정, 모든 염려, 한번에 다 – 그분께 드리라; 그분은 너를 사랑스럽게 조심스럽게 너를 돌보시느니라."

> 빌 4:6
> 아무 것도 염려하지 말고 다만 모든 일에 기도와 간구로, 너희 구할 것을 감사함으로 하나님께 아뢰라

확대 번역본은 "어떤 일에 있어서도 불안하고 초조하지 말고…"라고 말합니다. 이것은 우리들의 아버지가 우리들에게 하시는 말씀입니다. 우리들의 하늘 아버지는 예수님이 이 땅에 있는 동안 그와 동행하신 것 같이 우리들과도 똑같이 동행하시기를 원하십니다.

> 빌 4:13
> 내게 능력 주시는 자 안에서 내가 모든 것을 할 수 있느니라

어떤 사람이 이렇게 말했습니다. "네, 맞습니다. 하지만 바울이 그렇게 말했더라도 그는 사도였습니다." 바울은 그가 사도이기 때문에 모든 일을 할 수 있다고 하지 않았습니다. 그는 그리스도 안에서 모든 일을 할 수 있다고 했습니다. 바울은 내가 그리스도 안에 있는 것보다 혹은 당신이 그리스도 안에 있는 것과 똑같이 그리스도 안에 있었습니다. 그에게 능력 주시는 이는 그리스도입니다. 그리고 아버지는 우리가 그분께 자리를 내어드리기만 한다면 바울에게 실제적이었던 것과 같이 혹은 예수님에게 실제적이었던 것과 똑같이 우리에게도 실제적이십니다. 그리고 그분은 그분의 사랑의 심령으로부터 당신과 나에게 말씀을 보내고 계십니다. 그는 우리들에게 말씀하고 계십니다. 당신은 무엇이든지 할 수 있습니다. 당신의 아버지께서 당신 편이기 때문에 어떤 좋지 않은 상황에서도 당신은 두려움 없이 일어날 수 있습니다. "…만일 하나님이 우리를 위하시면 누가 우리를 대적하리요"(롬 8:31).

아버지의 사랑 – 그분은 사랑이시라는 것을 기억하십시오 – 때문에 그분은 우리를 돌보지 않고는 못 견디는 분이십니다. 당신이 그의 사랑을 알게 되고 그의 사랑 안에서 자유로워지면 모든 의심과 두려움은 없어질 것입니다.

시 27:1
여호와는 나의 빛이요 나의 구원이시니 내가 누구를 두려워하리요 여호와는 내 생명의 능력이시니 내가 누구를 무서워하리요 당신이 하나님 아버지께서 예수님을 사랑한 것 같이 당신을 사랑한다는 놀라운 사실을 기억할 때 당신은 예수님이 두려워하시지 않았던 것처럼 두려워할 필요가 없다는 것을 이해하게 됩니다. 그는 당신의 빛입니다. 그는 당신의 구원입니다. (이 구절에서 구원은 해방을 의미합니다.) 그는 당신의 삶의 힘입니다. 빛! 해방! 힘! 그렇다면 무서울 게 하나도 없습니다. 하나님이 사랑하고 보호하는 사람을 세상 사람들이 어떻게 하겠습니까?

> 히 13:5-6
> 5 돈을 사랑하지 말고 있는 바를 족한 줄로 알라 그가 친히 말씀하시기를 내가 결코 너희를 버리지 아니하고 너희를 떠나지 아니하리라 하셨느니라
> 6 그러므로 우리가 담대히 말하되 주는 나를 돕는 이시니 내가 무서워하지 아니하겠노라 사람이 내게 어찌하리요 하노라

그는 당신을 도우시는 자입니다! 그리고 그는 당신의 필요를 채우실 것입니다!

> 빌 4:19
> 나의 하나님이 그리스도 예수 안에서 영광 가운데 그 풍성한 대로 너희 모든 쓸 것을 채우시리라

이것은 종교가 아닙니다. 이것은 설교가 아닙니다. 이것은 우리의 놀라운 사랑의 아버지 하나님의 심령으로부터 우리에

게 주는 살아있는 진리인 것입니다. 하나님은 우리가 그리스도 예수 안에서 영광 가운데 그 풍성한 대로 우리의 모든 쓸 것을 하나님이 채우신다는 것을 알기를 원하십니다.

## 아버지를 알아가는 경험
(Experiencing Acquaintance)

시 23:1-6
1 여호와는 나의 목자시니 내게 부족함이 없으리로다
2 그가 나를 푸른 풀밭에 누이시며 쉴 만한 물 가로 인도하시는도다
3 내 영혼을 소생시키시고 자기 이름을 위하여 의의 길로 인도하시는도다
4 내가 사망의 음침한 골짜기로 다닐지라도 해를 두려워하지 않을 것은 주께서 나와 함께 하심이라 주의 지팡이와 막대기가 나를 안위하시나이다
5 주께서 내 원수의 목전에서 내게 상을 차려 주시고 기름을 내 머리에 부으셨으니 내 잔이 넘치나이다
6 내 평생에 선하심과 인자하심이 반드시 나를 따르리니 내가 여호와의 집에 영원히 살리로다

나는 시편 23편이 아버지와 예수님의 우리를 향한 사랑의 태도를 가장 아름답게 표현했다고 생각합니다.

많은 시편은 예언적입니다. 시편 22편은 예수님의 죽는 모습을 그리고 있습니다. 23편에서는 그는 좋은 목자이십니다. 24편은 이 세상에 다시 오실 왕 중의 왕, 주 중의 주를 그리고 있습니다.

우리는 지금 시편 23편에 살고 있습니다. "주님은 나의 목자시니." 예수님이 오셔서 "나는 좋은 목자다"(현재시제)라고 말씀하셨습니다. 로마서 10장 9절은 "네가 만일 네 입으로 예수를 주(혹은 주 예수)로 시인하며…"라고 했습니다. 지금 주님은 나의 목자이십니다. 우리는 시편 23편에 살고 있습니다.

나는 시편 23편을 이렇게 해석합니다. 나는 항상 이렇게 말합니다. "주님은 나의 목자이십니다. 나는 부족함이 없습니다." 나는 부족함이 없습니다. 완전한 만족이며, 최상의 삶입니다.

2절에서는 감미로운 클로버와 부드러운 풀이 땅을 카펫과 같이 완전히 덮습니다. 내가 갖기 위해선 어떤 노력도 필요 없습니다.

그는 나를 잔잔한 물가로 인도하십니다. 물과 음식은 삶을 유지하는 데 필수입니다. 하나님께 감사합니다. 그는 나를 인도하시고, 또 인도하시며 나의 모든 필요를 채우십니다.

그는 풀이 많은 곳에 나를 안전하고 조용하게 누워 쉬게 해주십니다. 내 옆에는 졸졸 흐르는 시내가 있습니다. 생수가 내 심령의 음성에 대답합니다. 내게는 물이 있습니다. 음식도 있습니다. 나를 보호하시는 분도 있습니다. 쉴 곳이 있습니다. 내게는 그의 돌보심이 있습니다. 이분이 나의 아버지입니다.

내가 놀라고 두려움에 휩싸이고 내 몸이 괴로움으로 떨 때 그는 나의 영혼을 회복시키십니다. 그는 나를 진정시키셔서 나를 정상으로 돌아오게 합니다. 그는 나의 두려움과 불안을 쓰다듬어 주십니다. 그는 나를 품에 안으시고 내게 용기와 믿음을 불어 넣으십니다.

내 심령은 나의 대적을 보고 웃습니다. 그분은 내가 죄를 한 번도 안 지은 사람처럼 그의 앞에 설 수 있는 의의 나라를 통해 나를 은혜의 길로 인도하십니다. 은혜의 보좌가 있는 방에서 두려움도 공포도 다른 생각도 없이 나는 웃고 뛰놉니다. 나의 아버지는 그 보좌에 계십니다.

그는 세상을 향해선 심판관이고 죄인에게는 하나님이겠지만, 나에게는 아버지이십니다.

그리고 언제나 내가 그를 방문할 때마다 나는 그가 말씀하시는 것을 듣습니다. "아들아, 네가 원하는 게 있느냐? 내가 너를 위하여 무엇을 하여 줄까?"

그러면 나는 말합니다. "아버지, 나는 원하는 게 없습니다. 당신은 너무나 놀라우시고 너무나 사랑스러우시고 너무나 좋으시므로 벌써 내가 필요한 모든 것을 다 마련해 놓으셨습니다. 그리고 당신은 편지를 써서 내게 알려 주셨습니다. 그래서 저는 필요한 것이 전혀 없습니다. 나는 원하는 것이 없습니다. 내게는 채워지지 않은 부족함이 전혀 없습니다. 나는 뭐가 필요해서 온 것이 아닙니다. 아버지, 나는 잠시 동안 아버지를 보러 온 것뿐입니다. 나는 그냥 보좌 근처에 머무르고 싶습니다. 나는 아버지 곁에 있기를 좋아합니다."

나의 아버지는 내게 이렇게 말씀하십니다. (그가 말씀하실 때 나는 그의 목소리를 잘 들을 수 있습니다.) "아들아, 네가 얼마나 내 마음을 기쁘게 하는지 모른다. 지상의 어떤 아버지가 그의 자녀들과 교제하고 싶어 하는 것보다 나 하늘의 아버지는 나의 자녀와 교제하기를 더 원한다."

"내가 사람들을 창조한 것이 그들과 교제하기 위해서라는 걸 너는 알지? 나는 사람을 나의 친구로 만들었다. 이렇게 표현해 볼게. (그리고 그는 이런 말씀을 하셨습니다.) 나는 나와 친구 삼으려고 사람을 만들었다. 나는 아담을 지상의 동산에 두고 날이 서늘할 때 내려가 같이 걸으며 같이 말하곤 했다."

하나님과 함께 걸을 수 있다는 것은 너무나도 아름답고, 너무나도 놀라운 너무나도 큰 축복입니다.

## 제 6 장
# 사랑 안에서 행하기
(Walking In Love)

소망이 우리를 부끄럽게 하지 아니함은 우리에게 주신 성령으로
말미암아 하나님의 사랑이 우리 마음에 부은 바 됨이니

(롬 5:5)

우리가 하나님과 교제하는 것, 하나님과 같이 걷는 것, 하나님의 영역에서 걷는 것은 사랑으로 행해야만 합니다. 신령한 사랑(Divine Love). 하나님은 사랑이시기 때문입니다.

내가 거듭났을 때 그는 나의 아버지가 되셨습니다. 그는 사랑의 하나님입니다. 나는 사랑의 하나님의 사랑의 자녀입니다. 나는 하나님으로부터 태어났고 하나님은 사랑이십니다. 그러므로 나는 사랑으로부터 태어났습니다. 하나님의 성품이 내 안에 있습니다. 하나님의 성품은 사랑이십니다.

우리에게는 신령한 사랑(Divine Love)이 없다고 말할 수 없습니다. 우리의 가족들은 모두 신령한 사랑을 가지고 있습니다. 신령한 사랑이 없다면 가족이 아닙니다. 그들이 그것을 사용을 하지 않을 수는 있습니다. 그들이 한 달란트를 가

지고 싸서 묻어 놓았던 사람과 같을 수도 있습니다. 그러나 성경은 하나님의 사랑이 우리의 심령에 성령으로 부어졌다고 말씀합니다. 그것은 하나님과 같은 종류의 사랑이 우리의 심령과 우리의 영에 부어졌다는 뜻입니다. 이것은 사랑의 가족입니다.

예수님은 말씀하셨습니다. "너희가 서로 사랑하면 이로써 – (어떻게 그들이 알 수 있습니까?) – 모든 사람이 너희가 내 제자인 줄 알리라"(요 13:35). 그것으로 사람들이 우리를 알 수 있습니다.

이런 사랑은 이기적이지 않습니다. "하나님이 세상을 이처럼 사랑하사 독생자를 주셨으니"

하나님 가족의 사랑의 법은 "서로 사랑하라 내가 너희를 사랑한 것 같이 너희도 서로 사랑하라"입니다(요 13:34). 그가 우리를 어떻게 사랑하셨습니까? 우리가 사랑을 받을 만 했나요? 아닙니다. 그는 우리가 정말 사랑스럽지 않은 상태에 있을 때 우리를 사랑하셨습니다. 우리가 아직 죄인이었을 때 우리를 사랑하셨습니다. 성경이 그렇게 말합니다.

(그리고 이것을 생각해 보십시오. 만일 하나님이 우리가 죄인이었을 때, 우리가 사랑스럽지 않았을 때, 우리가 그의 적이었을 때 우리를 그렇게 큰 사랑으로 사랑했다면 하나님이 그 자식 된 당신을 덜 사랑하실 것 같습니까? 아닙니다. 천 번이나 아닙니다.)

# '사랑'의 비교 : 신령한 사랑 – 자연적 인간의 사랑
( 'Loves' Contrasted : Divine – Natural Human)

우리가 말하고 있는 것은 자연적 인간의 사랑이 아니고 신령한 사랑입니다. 우리들은 요즘 자연적 인간의 사랑에 대하여 많이 듣습니다. 그러나 이 세상에는 하나님의 사랑 같은 것이 없습니다. 자연적 인간의 사랑은 이기적입니다. 나는 사람들이 "어머니의 사랑은 하나님의 사랑과 비슷한 종류다"라고 말하는 것을 들은 적이 있습니다. 나는 그것을 좀 생각해 보았습니다. 그렇지 않습니다. 어머니의 사랑은 보통 자연적 인간의 사랑입니다. 그리고 이것은 항상 이기적입니다. "이 아이는 내 아이다."

"오, 나는 내 아이들을 사랑합니다. 나는 그들을 사랑합니다." 한 여인이 내게 울면서 와서 말했습니다. "내 아이들을 위해서 기도해 주세요. 나는 그들을 이 교회에서 키웠는데, 이해할 수가 없어요. 나의 딸 외에는 아무도 교회에 나오려고 하지 않아요."

그녀의 딸은 교회에서 피아노 반주를 했는데 그 딸이 교회에 나오는 유일한 자녀였습니다. 사실 그 아들 중 하나는 최근에 집을 나가 버렸습니다.

그녀는 말했습니다. "우리 교회에서 자기 자식들을 나보다 더 사랑한 사람은 아마 없을 거예요."

나는 말했습니다. "자매님, 뭔가 이유가 있을 것입니다. 나는 이곳을 잘 모르는 전도자이지만 나는 여기 피아노 의자에 앉아 있는 소녀를 볼 수 있습니다. 당신은 당신의 '사랑'이라는 것으로 그녀를 숨이 막히게 하고 있군요. 다른 자녀들이 교회에 안 나오는 이유가 당신이 당신의 손아귀 안에서 그들을 놓지 않으려 했기 때문이라는 것을 나는 알 수 있습니다. 당신은 그들의 삶을 주장하려 합니다. (내가 피아노에 앉아 있는 소녀를 쳐다보면 그녀는 고개를 숙이곤 했습니다. 그녀는 어쩔 줄을 몰랐습니다.) 당신 딸은 아마 남자 친구나 여자 친구도 한 번 가져 보지 않았을 겁니다."

"그렇습니다. 나는 그 애를 그냥 집에만 있게 했습니다. 나는 그렇게 하는 것이 그 아이를 더 잘 키우는 것이라고 생각했습니다."

"아닙니다. 그렇게 할 수 없습니다. 당신 딸의 성격이 비뚤어졌어요"라고 내가 말했습니다.

자연적 인간적인 어머니의 사랑; 그러나 그것은 이기적이었습니다. 그녀의 마음에는 그 아이들의 최선이 없었습니다. 그녀의 마음에는 자기의 최선이 있었습니다. 그녀는 아이들이 자신과 같이 있기를 원했던 것입니다.

당신은 장모들이 사위들과는 아무 문제가 없다는 것을 주의해 보셨나요? 문제는 주로 며느리하고입니다. 많은 경우에 어머니들은 세상에 어떤 여자도 '내' 아들에게 합당한 여자는 없다고 느낍니다. 그 어머니는 구원을 받았을 수도, 성령 충만을 받았을 수도, 또 매일 밤 방언으로 기도할 수도 있습니다.

그러나 하나님의 사랑이 그 자신을 지배하게 하는 대신 그녀는 자연적 인간의 사랑이 그의 육신을 지배하게 했습니다. 자식들에게 항상 잘못을 캐고 항상 그것들을 말합니다.

시어머니와 며느리가 문제를 갖는 이유는 – 그들이 사랑 안에 걷지 않는 다면 – 어머니는 오래 동안 '이 소년'의 삶에 중심이었기 때문입니다. 그녀는 아직도 그 아들에게 '이래라 저래라'고 말해서는 안 되겠지요. 그러면 그는 딜레마에 빠지게 되는 것입니다.

하나님의 사랑이 우리의 심령에 있지만 한 달란트를 싸서 묻어 놓는 것과 같이 묻혀있을 수도 있습니다. 우리가 사용을 하지 않고 있다 할지라도 하나님의 사랑은 우리 안에 있습니다.

만일 우리가 사용한다면 그리고 그 사랑이 우리를 지배하게 한다면 우리의 삶에 큰 변화가 일어날 것입니다. 이것은 우리 가정들의 많은 문제들을 고칠 것입니다. 이런 종류의 사랑은 이혼 법정에 가 보지도 않았고 앞으로도 가지 않을 것입니다.

자연적 인간의 사랑은 이혼 법정으로 갑니다. 자연적 인간의 사랑은 자기 마음대로 되지 않을 때 미움으로 바뀔 수도 있습니다. 이것이 싸우고, 불평하고, 움켜잡고, 때리고, 욕을 하며, 적대시합니다. 신령한 사랑은 욕을 먹어도 욕하지 않습니다. 나는 그리스도인들이 이혼 법정에 가지 않았다고 말하지 않았습니다. 그들은 갔습니다. 그러나 그들은 하나님의 사랑으로 그들을 지배하게 하지 않았던 것입니다.

하나님은 우리가 성장하기를 원합니다. 그리고 하나님께 감사하는 것은 우리가 사랑 안에서 성장할 수 있다는 것입니다. 성경은 사랑 안에서 완전해지고 성숙해져 가는 것을 말하고 있습니다. 우리는 사랑 안에서 아직도 완전해지지 않았지만 우리는 그렇게 될 수 있고 우리들 중 몇은 벌써 그렇게 되고 있는 중입니다.

하나님 식의 사랑(God-Kind of Love)은 '우리가 무엇을 얻을 수 있나'에는 관심이 없고 무엇을 줄 수 있는 지에 관심이 있습니다. 당신은 이것이 어떻게 우리 가정의 모든 문제들을 해결할 수 있는지 보이십니까?

너무나 많은 사람들이 이기적입니다. 그리고 그리스도인들도 그들의 자연적인 마음이 그들을 지배하게 합니다. '내가 얻을 수 있을까', '나는 그럴 수는 없어', '나는 그렇게는 안돼', '나는 이런 것을 더 이상 참을 수 없어.' '나.' '나.' '나.' '나.'

이것은 교회에서도 마찬가지입니다. 내가 두 번째 목회를 한 교회에서 나는 스무 살 독신이어서 그 교회에 속해 있는 한 부부로부터 방을 세내어 살고 있었습니다. 남편은 성경을 알고 하나님과 놀라운 경험이 있는 사람이었습니다. 그러나 그는 "나도 할 말은 있으니까 해야지. 나는 이 교회에서 다른 사람들과 똑같이 권리를 가지고 있으니까 나도 할 말을 해야지"라고 생각하는 타입이었습니다. 그는 하고 싶은 말을 다했습니다. 그리고 그 교회가 다 붕괴되기까지 또 다른 사람들도 그들이 하고 싶은 말들을 했습니다.

나는 그곳에 6개월간만 머물렀습니다. 하나님은 내게 만일 그들이 회개하지 않으면 교회가 없어질 것이라고 그들에게 말하라고 말씀하셨습니다. 나에게 주어진 첫 예언적인 말씀으로 하나님은 "만일 그들이 회개하지 않는다면 나는 그들의 촛대를 옮기겠다. 교회 문이 1년 내에 닫힐 것이다. 그리고 2년간 닫힌 채 있을 것이고, 그 후에 다시 열릴 것이다. 나는 이들에게 한 번 더 기회를 줄 것이다. 만일 그들이 그때도 잘못하면 교회 건물이 이 땅에서 옮겨질 것이다"라고 말씀하셨습니다.

그들은 화가 났습니다. 그들은 예수님에게 그의 고향 나사렛 사람들이 하려던 것처럼 나에게 하려고 했습니다. 그들은 예수님을 언덕 밑 낭떠러지로 밀어내려고 했습니다. 그들은 내가 말한 것을 그런 운동을 하던 장로들에게 알렸습니다. 그리고 그들은 나를 쫓아내려고 했지만 좀 두려워했습니다.

그러나 하나님이 말씀하신 대로 그해 말 교회가 닫혔고 문은 2년간 잠기게 되었습니다. 큰 자물쇠가 문에 걸렸습니다. 그리고 한 사람이 다시 열었습니다. 그 후 하나님이 그들에게 어느 정도의 시간을 주셨습니다. 그러나 그들은 빛 가운데 걷지 않았고 문은 다시 잠겨 졌습니다. 하나님이 말씀하신 대로였습니다. 나는 당신을 그곳에 데리고 가서 교회 건물이 없어진 터를 보여 드릴 수 있습니다. 그리고 이것은 그 특별한 운동을 하는 사람에게 속해 있습니다. 몇 년이 지나자 교회를 할 만한 수의 사람들이 모였습니다. 그러나 할 수가 없었습니다. 왜냐하면 그들끼리도 화목하지 못하였기 때문입니다. 그들은 그리스도인의 갓난 아이 수준 이상을 넘지 못했습니다. 그들은 신생아로 남아 있었습니다. 그들은 자라지 않았습니다.

하나님의 자녀로서 하나님의 성품이 우리 안에 있습니다. 그리고 하나님의 성품은 사랑입니다. 그러므로 우리가 영적으로 사랑하는 것은 아주 자연스런 일입니다. 그러나 내가 나의 겉 사람과 내 마음(mind)이 나를 지배하게 한다면 내 안에 있는 사랑의 성품은 죄수같이 갇혀 있게 됩니다. 우리 안에 있는 하나님의 사랑을 풀어 놓읍시다.

## 아가페 사랑에 대하여(An Expose' on Love)

이 하나님 식의 사랑(God-Kind of Love)은 어떤 것일까요? 그것의 특성들은 무엇일까요? 그것은 고린도전서 13장에서 우리들에게 주어졌습니다. 킹 제임스 번역본이 헬라어의 신령한 사랑, '아가페'를 자비(Charity)라고 번역한 것은 참 유감스러운 일입니다. 내가 이 '사랑을 드러내는데' 제일 좋아하는 번역본은 확대번역본입니다. 4절부터 확대번역본으로 보겠습니다.

"사랑은 오래 참고 인내하고 친절합니다."
많은 사람들이 오래 참습니다 - 그러나 그들이 참는 동안 그들은 인내하고 친절하지 않습니다. 그들은 할 수 없이 오래 참는 것입니다. "나는 참을 만큼 참았어. 이제 더 이상은 못 참겠어."

"사랑은 샘내지 않고 투기하지 않습니다."

자연적 인간의 사랑은 질투합니다. 그러나 이런 종류의 사랑은 투기로 불타지 않습니다.

"사랑은 자랑하지 않고 헛된 영광을 구하지 않고 사랑은 건방진 것을 보여주지 않습니다. 사랑은 잘난 체 하지 않고 - 건방지고 자부심으로 부풀지 않으며 사랑은 무례하지 않고(정중하고) 보기 싫게 행동하지 않습니다."

"사랑(우리 안에 있는 하나님의 사랑)은 그의 권리와 길을 주장하지 않고 자기를 주장하지 않습니다."

나는 여러분이 시간을 들여 이것들이 당신 속에 잠겨지게 하기를 원합니다. "나는 내 권리가 무엇인지 알지요. 나는 할 말이 있고 또 그것을 할 것입니다. 나는 권리가 있고 나는 그 권리를 주장할 것입니다." 그들은 다른 사람에게 얼마나 큰 상처를 준다 해도 상관하지 않습니다.

여기서 사랑은 자기의 권리를 주장하지 않는다고 말합니다. 우리가 하나님을 믿고 하나님의 사랑을 믿기 전에는 정말로 할 수 없는 일입니다. 그것은 가장 좋은 길입니다! 그리고 그것은 당신의 길입니다!

"(사랑)은 화를 잘 내지 않고 초조하거나 적대시하지 않습니다.

그들은 그들에게 행해진 악한 일들을 세고 있지 않습니다 - 악한 것에 주의를 기울이지 않습니다."

여기에 사랑의 온도계가 있습니다. 여기에 사랑의 계량기가 있습니다. 우리가 사랑으로 행하고 있는지 아닌지를 알아보는 것은 아주 쉽습니다. 당신이 당신에게 행하여진 악을 계산하고 있다면 당신은 사랑으로 행하는 것이 아닙니다. 당신이 하나님 안에 성령으로 충만하게 행하고 있다면 당신은 당신에게 행해진 악을 계산하지 않을 것입니다.

지난 수년 동안 많은 일들이 당신들에게 일어났던 것처럼 저에게도 일어났습니다. 나는 목사님들도 친척들도 이렇게 말하는 것을 들었습니다. "나 같으면 그렇게 하지 않을 거야. 그런 일을 그냥 놔두면 안돼. 그럴 수는 없어." 그러나 나는 입을 다물고 한 마디도 말하지 않고 웃으며 기쁨을 빼앗기지 않았습니다. 왜냐고요? 만일 그들이 내가 할머니를 죽였다고 해도 나는 그 사실을 부인하기 위해 시간을 들이지 않았을 것입니다. 나는 "할렐루야! 하나님 찬양! 하나님께 영광!"을 지속적으로 외치며 그냥 모른 척 했습니다. 그러나 장기적으로 놓고 보면 항상 최고의 결과를 갖게 됩니다.

목사님들도 내게 "당신 성품에는 약점이 있어요. 당신은 당신 권리를 주장하지 않아요"라고 말합니다. 아닙니다. 이것은 나의 강점입니다. 왜냐하면 사랑은 절대로 실패하지 않습니다. 많은 사람들이 실패 했습니다; 그리고 많은 사람들이 때가 되기 전에 죽기까지 했습니다. 왜냐하면 그들에게 속한 하나님의 자녀로서의 권리와 특권을 사용하기보다는 자연적으로 살았기 때문입니다. 그들은 그들의 몸이 그 영향을 받을 때까지 항상 싸우고 분투하고 있었습니다.

"사랑은 그에게 행해진 악을 계산하지 않습니다."
하나님은 우리가 하나님의 적일 때 우리가 행한 악을 계산하시지 않았기 때문에 이것은 하나님 식의 사랑(God-Kind of Love)이 분명합니다. 그는 예수님을 보내 우리를 구원하셨습니다. 그는 우리가 아직 죄인이었을 때 우리를 사랑하셨습니다.

"사랑은 악한 것에 주의를 기울이지 않습니다."
조지아 주에 살던 한 소년이 이렇게 말했습니다. "너는 빨리 올라와서 그렇다고 인정해." 그들이 하나님의 사랑을 가지고 있지만 하나님의 사랑으로, 그리스도의 사랑으로 행하는 사람들이 그렇게 많지는 않습니다. 그들은 자연적 인간의 사랑으로 살아갑니다. 그리고 그들은 억울하게 당한 일에 대해 주목합니다. 그들은 잔뜩 화가 납니다. 남편과 아내, 두 사람 다 그리스도인이지만 서로 화가 나서 어떤 문제 때문에 한주 내내 서로 말을 하지 않습니다. 내가 당신의 아픈 곳을 건드렸다는 것은 알지만 조금 더 말해야겠습니다.
여러분, 사람들이 하나님의 자녀가 되어서 하나님의 사랑을 가지고 하나님의 가족 안에서 하나님의 자녀로 사는 것이 우리들의 가정에, 교회에, 나라에 모든 것을 바로 세워줄 것이라는 것을 아시겠습니까?

"사랑은 부정과 옳지 않은 일에 기뻐하지 아니하고 옳고 진실된 일에 기뻐합니다."

"사랑은 어떤 것도, 모든 것도 참습니다."
어떤 사람은 "나는 더 이상 참을 수 없어"라고 말합니다. 사랑은 할 수 있습니다. "나는 더 이상 그를 참을 수 없어." 하나님을 생각해 보십시오. 그는 우리 모두를 참아오셨습니다. "나는 참을 만큼 참았어." 그것은 자연적 인간의 사랑입니다. 당신 안에 계신 하나님의 사랑은 어떤 일에도 참습니다.

"사랑은 모든 사람 안에서 최고의 가능성을 믿습니다."
자연적 인간의 사랑은 모든 사람의 제일 나쁜 것을 믿습니다. 자연적 인간의 사랑은 남편의 제일 나쁜 것을 믿으려 하고 부인의 가장 나쁜 것을 믿으며 자녀들의 가장 나쁜 것을 믿습니다. 그러나 하나님 식의 사랑은 모든 사람의 가장 좋은 것을 믿을 준비가 되어 있습니다. 남편, 부인, 교회 형제나 자매, 자녀들. 모든 사람의 제일 좋은 것을 믿으십시오.

나는 사역을 하며 온 나라를 누비며 여행했습니다. 우리가 여행 중 목사님들에 대하여, 사람들에 대하여, 집사님들에 대하여, 주일학교 교사들에 대하여, 노래하는 사람들에 대하여 놀랄 만큼 많이 들었습니다. 그러나 나는 절대 그런 것에 신경을 쓰지 않습니다. 나는 그들의 말 한 마디도 믿지 않습니다. 나는 모든 사람의 제일 좋은 것을 믿습니다.

아이들은 이런 종류의 사랑의 분위기 속에서 길러져야 할 권리가 있습니다. 그러면 인생의 전쟁터에 나가서 승리할 수 있습니다. 그러나 당신이 당신 자녀의 제일 나쁜 것만 보고 항상 "너는 정말 별 볼일 없는 사람이 될 거야", "너는 이것도 못하고 저것도 못할 거야"라고 한다면 그들은 당신이 말 한대로 될 것입니다. 그들이 실수하더라도 당신이 그들의 제일 좋은 것을 보며 올바르게 사랑한다면 그들의 최선이 나오게 될 것입니다. 그들은 쓸만한 사람들이 될 것입니다.

"사랑은 어떤 환경에서도 색깔이 바래지 않고 모든 것을 참습니다(약해지지 않고). 사랑은 실패하지 않습니다 – 결코 없어지지 않고, 쓸모없이 되지 않고, 끝나지 않습니다."

당신이 사랑으로 행하면 결코 실패하지 않습니다. 사랑은 결코 실패하지 않습니다!

우리는 성령의 은사를 좋아하고 또 성령의 은사를 사모해야 합니다. 그러나 우리는 먼저 사랑을 사모해야 합니다. 예언은 끝이 날 것입니다. 방언도 끝이 날 것입니다. 지식도 다 없어질 것입니다. 그러나 하나님께 감사합니다. 사랑은 결코 실패하지 않습니다. 사랑은 결코 없어지지 않습니다.

아, 그렇습니다. 나는 예언과 예언하는 것을 믿습니다. 나는 방언을 믿습니다. 우리는 그것들을 주신 하나님께 감사합니다. 그러나 이런 것들을 사랑이 없이 한다면 소리 나는 징과 울리는 꽹과리 밖에 되지 않습니다.

주목해야 할 일이 있습니다. 예언을 합시다. 방언을 합시다. 믿음을 가집시다. 지식을 가집시다. 그러나 그런 것들은 모두 사랑으로 합시다. 우리는 사랑의 가족에 속하게 되었고 사랑이신 하나님 아버지를 알게 되었으니 사랑이 우선되어야 합니다.

우리는 배우기를 원해야 합니다. 우리는 성장하기를 원해야 합니다. 우리는 사랑 안에서 성장하기를 원하여 사랑 안에서 완전해질 때까지 자라갑시다. 나는 사랑 안에서 아직 완전해지지 못했습니다. 당신은 어떻습니까? 그러나 성경은 우리가 완전하여질 수 있다고 말합니다. 다음 세상이 아니라 이 세상에서 가능한 것입니다. 우리 중 몇몇은 온전하여질 때까지 승리할 것입니다. 나는 지금 완전하지 않다고 그만 두지 않겠습니다. 나는 그냥 계속 전진할 것입니다. 그분의 말씀을 인하여 하나님께 감사합니다! 그분의 사랑을 인하여 하나님께 감사합니다!

# 제 3 부

## 제 7 장

# 지식을 받기
(Receiving The Knowledge)

> 우리가 다 하나님의 아들을 믿는 것과 아는 일에 하나가 되어 온 전한 사람을 이루어 그리스도의 장성한 분량이 충만한 데까지 이르리니
>
> (엡 4:13)

어떻게 이렇게 될 수 있을까요?

우리 모두가 영적으로 성장하기를 원하지만 그것은 원하기만 한다고 저절로 되는 것은 아닙니다. 어떻게 영적으로 성숙하여질 수가 있을까요?

우리는 이미 베드로전서 2장 2절에서 "갓난 아이들 같이 순전하고 신령한 젖을 사모하라 이는 이로 말미암아 너희로 구원에 이르도록 자라게 하려 함이라"라고 쓴 것을 보았습니다. 사람들이 자연적으로 아이들을 낳아 기르기 시작하는 것과 똑같이 하나님도 영적으로 우리를 기르기 시작하십니다. 아이들이 새로 탄생하였을 때 그들은 우유로 시작합니다. 아기들은

고기를 먹을 수 없습니다. 그리고 하나님은 말씀의 순전하고 신령한 젖이 우리를 자라게 한다고 말씀하십니다.

그러나 바울이 고린도에 있는 그리스도인과 히브리인 그리스도인에게 한 편지에 우리에게 흥미로운 것이 있습니다.

> 고전 3:1, 2
> 1 형제들아 내가 신령한 자들을 대함과 같이 너희에게 말할 수 없어서 육신에 속한 자 곧 그리스도 안에서 어린 아이들을 대함과 같이 하노라
> 2 내가 너희를 젖으로 먹이고 밥으로 아니하였노니 이는 너희가 감당하지 못하였음이거니와 지금도 못하리라

> 히 5:11-14
> 11 멜기세덱에 관하여는 우리가 할 말이 많으나 너희가 듣는 것이 둔하므로 설명하기 어려우니라
> (어떤 사람들은 듣는 귀가 둔하기 때문에 말을 해도 알아듣지 못합니다.)
> 12 때가 오래 되었으므로 너희가 마땅히 선생이 되었을 터인데 너희가 다시 하나님의 말씀의 초보에 대하여 누구에게서 가르침을 받아야 할 처지이니 단단한 음식은 못 먹고 젖이나 먹어야 할 자가 되었도다
> 13 이는 젖을 먹는 자마다 어린 아이니 의의 말씀을 경험하지 못한 자요
> (관주에는 '의의 말씀에 경험이 없음'이라고 했습니다. 그렇다면 왜 그는 의의 말씀에 경험이 없을까요? : 왜냐하면 그는 어린 아기이기 때문입니다.)
> 14 단단한 음식은 장성한(성숙한) 자의 것이니 그들은 지각을 사용함으로 연단을 받아 선악을 분별하는 자들이니라

그들은 오늘날과 똑같은 문제를 가지고 있었습니다 – 그들은 우리와 같았습니다. 그들은 선생이 되어야 마땅했지만 성장의 문제를 아직도 배우고 있었습니다. 그들에게는 매우 깊은 것으로 가르칠 수 없었고 우유로 가르쳐야 했습니다. 바울은 말했습니다. "내가 너희를 젖으로 먹이고 밥으로 아니하였노니 이는 너희가 감당치 못하였음이라"라고 말했습니다.

바울이 말하는 말씀의 우유는 그리스도 교리의 첫 원리(히 6:1-2)들에 관한 설교입니다. 그는 그것을 고기가 아닌 말씀의 우유라고 칭했습니다. 당신이 믿음의 첫 번째 원리들을 아직도 배우고 있다면 당신은 아직도 우유를 마시고 있는 것입니다. 내가 보기에 그것들이 우리가 지금까지 한 일들 이었고 – 우리가 할 수 밖에 없었던 일 같습니다.

우리가, 어떻게 성장할 수 있을까요? 에베소서 4장 13절, 이 구절에서 '하나님의 아들을 아는 지식'에서 장성한 사람으로 성장하는 것에 대하여 보시기 바랍니다.

지식을 받고, 하나님의 말씀을 먹되, 하나님이 계획하시고 예수님을 보내셔서 성취하신 그 계획에 관한 지식을 얻을 때까지… 당신이 그리스도 안에서 또는 그리스도가 당신 안에서 어떤 존재인지에 대한 지식을 얻을 때까지… 당신이 그분의 죽음과 장사지냄과 부활과 승천과 아버지의 오른편에 앉으신 것에 대한 지식을 얻을 때까지… 그분이 당신을 위하여 지금 이 순간도 무엇을 하고 계신지를 아는 지식을 당신이 얻기까지… 그분이 아버지 우편에 앉아서 당신을 위해 중보기도를 하고 계시는 지식을 얻기까지… 당신이 하나님의 보좌 앞에서 어떤 존재인지를 아는 지식을 얻기까지… 예수님이 사단과 그의 졸개들을 패배시키고 이 세상 어두움을 통치하는 자의 모든 힘을 이기고 그들의 능력을 모두 빼앗아 당신을 지배할 수 없게 한 일을 당신이 알게 될 때까지 지식을 받고 하나님의 말씀을 먹어야 합니다. 이렇게 되면 당신은 우유의 단계를 넘은 것입니다. 그러나 어떤 사람들한테는 이런 설교를 할 수가 없습니다. 깊게 들어갈 수 없습니다. 솔직히 말하면 나는 아직 가르치지 못한 많은 것들을 가지고 있습니다. 왜 가르치지 않느냐고요? 사람들이 그런 것을 위해 준비되어야 합니다. (바울도 "내가 너희들에게 가르치고 싶은 것들이 있지만 너희가 감당치 못할 것이다"라고 말했습니다. 그들은 받을 수 없었습니다.) 그리고 나는 대단히 높은 계시를 말하려는 것이 아닙니다. 이것들은 순수하고 간단한 하나님의 말씀입니다. 그러나 이것들은 지금까지 우리가 가르쳐 왔던 것보다는 앞선 것입니다. 그래서 우리가 천천히 나아가야 사람들이 우리가 가르친 것을 소화하고 따라올 수 있습니다.

## 그릇된 식이 요법(The Wrong Diet)

왜 우리들이 성장하지 못했습니까?

만일 우리들이 정말 하나님으로부터 거듭난 하나님의 자녀이면서 자라지 않는다면 우리가 올바른 식이 요법을 하지 않았기 때문입니다.

나는 사람들을 탓하지 않습니다. 나는 당신들을 책망하려는 것이 아닙니다. 나는 사역자들의 잘못이라고 확신하고 있습니다. 나는 대부분의 사람들은 - 100명 중 99.99명 - 그들이 안다면 하나님의 말씀의 수준으로 올라 갈 것이라고 믿습니다.

그러나 사람들이 사역의 한 은사를 가졌다고 해서 - 사도, 선지자, 복음전도자, 목사, 교사로서 - 그가 성장한 그리스도인이라는 것은 아닙니다. 그것은 그의 인생에 있어 하나님의 소명이 있다는 뜻입니다. 그는 여전히 그 자신을 발전시키고 성장시켜야 합니다.

내가 마지막으로 목회를 한 교회에서 1947년과 1948년 겨울, 나는 교회에서 두문불출하고 어떤 때는 며칠씩 말씀과만 함께 했습니다. 나는 무릎을 꿇고 성경을 읽었습니다. 나는 몇 시간씩 몇 주일째 성경을 읽었습니다. 나는 물론 수년간 성경을 읽어 왔습니다. 그러나 이번에는 바울이 에베소 교회를 위해 했던 두 가지 기도 - 에베소서 1장 17-19절과 에베소서 3장 14-21절 - 를 읽었습니다.

나는 한 주일 내내 내 성경의 그 부분을 펴 놓았습니다. 그리고 건물에 들어올 때마다 무릎을 꿇고 말했습니다. "아버지, 나는 이 기도를 나 자신을 위해서 합니다." 내가 전화를 해야

하거나 무슨 일로 나갔다 돌아올 때 벌써 그날 몇 번 씩 그 기도를 했다 하더라도 나는 그 기도를 했습니다. "나의 마음 눈을 밝히사 나의 부르심의 소망이 무엇이며…" 등등.

처음에는 아무런 응답이 없는 것 같았습니다. 그러나 나는 계속해서 같은 기도를 했습니다. 그런데 한참 후, 나는 말씀으로부터 계시를 받기 시작했습니다. (내가 말씀을 계속하여 먹지 않았더라면 하나님은 나에게 계시를 주실 수 없었습니다.) 말씀이 내게 열리기 시작했습니다.

처음 몇 주 동안, 즉 약 30일 동안에 내가 지난 13, 14년의 사역 기간 중에 배운 것보다 더 많이 알게 되었습니다. 나는 내 아내에게 이렇게 말했습니다. "내가 도대체 지금까지 무엇을 설교했지? 오, 오, 내가 지금까지 내놓은 것은 우유도 아니었어요. 그것은 너무 묽은 우유였어요."

이렇게 계시가 온 것은 내가 기도했기 때문만은 아닙니다. 그것은 일부에 불과합니다. 나는 기도한 만큼 아니, 오히려 더 많은 시간을 말씀 읽는데 들였습니다. 당신이 기도하는 것만으로 기도생활을 세울 수는 없습니다. 기도생활은 하나님의 말씀에 근거하여 세워져야 합니다.

그래서 성경이 우리가 완전한 사람이 되는 것에 대하여 말할 때 '하나님의 아들을 아는 일'이라는 단어를 사용한 것입니다(엡 4:13). 이것은 이 지식이 우리를 장성하게 하고 성숙하게 한다고 말하고 있습니다!

# 올바른 가르침의 장소
(The Place of Right Teaching)

우리가 성장하지 못한 것은 올바른 가르침이 없었기 때문입니다. 하나님은 교사들을 교회에 두셨습니다. 하나님이 거기 두신 것입니다(엡 4:11, 고전 12:28).

우리 모두 다 약간의 가르치는 역할을 할 수 있습니다. 자연적인 견지에서 볼 때 우리가 아는 것을 다른 사람들에게 말하며 어느 정도는 가르칠 수 있습니다. 그러나 그것과는 다르게 하나님으로부터 가르치도록 소명을 받고 성령의 기름부음을 받은 사람들이 있다는 것입니다.

물론 성령님은 우리의 선생님이 되십니다. 그러나 성령님이 가르치라고 기름을 부은 사람들은 성령님이 우리들을 직접 가르치는 것과 같습니다. 어떤 사람들은 이상한 생각을 가지고 이렇게 말합니다. "아무도 나를 가르칠 수는 없어. 나는 배울 필요가 없어. 나는 성령이 계시기 때문에 나도 다른 사람들만큼 안다고." 이렇게 말하는 것은 무지한 것입니다. 하나님의 말씀은 하나님께서 교회에 교사를 두어 우리를 가르치게 한다고 하셨습니다.

그러나 우리가 소위 '가르침'이라고 부르는 것들의 대부분은 우리의 심령에서 나온 것이 아니고 우리의 혼에서 나온 것들인 것 같습니다. 우리는 말씀의 일반적인 머리 지식, 혼적인 지식을 얻었지만 영적으로 받아들이는 데까지 오지 못한 것 같습니다. 수년 동안 우리가 '가르침'이라고 알았던 것은 냉랭하고, 힘이 없고, 별로 실체가 없었기 때문에 우리는 '가르침'이란 말만 들어도 외면할 지경이 되었습니다.

그러나 순수한 하나님의 말씀의 가르침에는 하나님의 영의 기름부음이 살아 있습니다!

나도 그 차이점을 어느 날까지는 모르고 있었습니다. 나는 설교자였습니다. 나는 스펄전의 설교를 다른 사람과 마찬가지로 잘할 수 있었습니다. 나는 그의 설교를 읽고 그의 설교 그대로 잘 설교할 수 있습니다. 나는 설교학을 공부하여 설교하는 법을 배웠습니다. 나는 옛날 전도자들의 열정과 불같은 설교를 하는 것을 좋아 합니다. 그리고 지금도 가끔 다시 잘 정리해서 하기도 합니다.

나는 1943년에 중북부 텍사스에서 목회를 하고 있었습니다. 나는 그때까지 가르치는 것을 해본 적이 없었고 가르치는 것을 좋아하지도 않았습니다. 이 교회에서는 목사님이 주일 아침에 강당에서 주일학교를 가르치는 것이 전통이었습니다. 이것은 성인 남자와 여자들의 반이었습니다. 나는 가르치고 싶지 않았습니다. 그러나 이것은 그들의 전통이었습니다. 주일학교 교재가 있지만 주중엔 전혀 들여다보지 않았습니다. 나는 성경을 연구하고 설교를 준비했습니다. 그러나 나는 토요일 밤까지 주일학교 교재를 들여다보지 않았습니다. 나는 10분이나 15분간 읽고 나서 가르칠 수 있다고 생각했습니다. 사람들이 아주 좋아하는 듯 했지만 나는 가르치는 시간이 끝났을 때가 너무 좋았습니다. 나는 설교하기를 원했습니다.

그러던 어느 목요일 3시쯤 이 교회 목사관에서 하나님께서 내게 가르치는 은사를 주셨습니다. 나는 나의 속마음으로 곧 알았습니다. 나는 이 은사가 내게 오는 것을 알았습니다. "나는 이제 가르칠 수 있다." 나는 큰 소리로 말했습니다. 이것을 증명하기 위해서 나는 가장 특이한 방법으로 시작했습니다. 나는 사람들이 꼭 와야 하는 예배시간들을 피했습니다. 수요일 오후, 교회에 모이는 여자들의 기도회 모임에서 나는 그들에게 가르치기 시작했습니다.

무엇이 나를 놀라게 했는지 아십니까? 나는 거기 가만히 서서 움직이지 않고 손을 올리지도 않았는데도 내가 경험한 어떤 것보다 더 강한 기름부음이 온 것입니다.

나는 그때 7, 8명의 여자들을 가르치기 시작했습니다. 그들은 그들의 남편들과 다른 사람들에게 말하기 시작했습니다. 2, 3주일 내에 15명에서 20명이 오기 시작했습니다. 어떤 남편들은 직장에서 시간을 내서 왔습니다. 우리들도 모르는 사이에 수요일 오후에 오는 사람이 수요일 저녁보다 더 많게 되었습니다. 우리도 모르는 사이에 교회 건물이 실제로 차기 시작한 것입니다.

이것으로 사람들이 배우기를 원하고 알기를 원한다는 충분한 증거가 되었습니다.

내가 그 교회를 떠난 후 몇 년이 지나서 그 여자들 중 하나를 길에서 만났습니다. 그녀는 "정말 하나님께 그 가르침으로 인해 감사합니다. 지난 7년 동안은 그것만 가지고 살았습니다. 내가 그것을 안 배웠다면 승리하지 못했을 것입니다. 나는 아직도 그것들로 내 자신을 먹이고 있습니다. 그 후에는 정말 가르치는 것을 들어 보지 못했습니다. 우리는 설교만 듣습니다."

우리는 설교가 필요합니다. 그러나 우리 믿는 사람들은 가르치는 것도 필요합니다. 하나님의 사람들은 가르치는 것이 필요합니다.

우리가 예수님의 사역으로 다시 돌아가 봅시다.

> 마 9:35
> 예수께서 모든 도시와 마을에 두루 다니사 그들의 회당에서 가르치시며 천국 복음을 전파하시며 모든 병과 모든 약한 것을 고치시니라

사복음서를 읽으면 우리는 예수님이 회당에 들어가실 때마다 가르치신 것을 알 수 있습니다.

하루는 해변에서 예수님이 가르치고 있었습니다. 사람들이 너무 많아서 예수님을 물가로 밀어 내고 있었습니다. 몇 사람이 고기를 잡아 가지고 와서 해변에 앉아 그들의 그물을 씻고 수선하고 있었습니다. 그중에 하나가 시몬 베드로였습니다. 예수님은 그에게 배를 좀 빌릴 수 없겠느냐고 물었습니다. 그리고 배에 올라 물가로 좀 띄웠습니다. 그리고 성경은 "예수께서 한 배에 오르시니 그 배는 시몬의 배라 육지에서 조금 띄기

를 청하시고 앉으사 배에서 무리를 가르치시더니"라고 말합니다(눅 5:3).

예수께서 침례를 받은 후에 성령이 비둘기처럼 그에게 임하시고 성령에 의해서 광야로 내몰려 마귀의 시험을 받으셨습니다. 그리고 그가 성령의 능력으로 갈릴리로 돌아오신 후 누가복음 4장 15절은 이렇게 말하고 있습니다. "친히 그 여러 회당에서 가르치시매 뭇사람에게 칭송을 받으시더라."

이것이 그 당시 하나님의 백성들이었습니다. 회당은 오늘날 교회에 비교 될 수 있습니다. 예수님은 회당에 들어가실 때마다 가르치셨습니다.

올바른 가르침이 없었다는 것이 우리가 성장하지 못한 중요한 이유입니다. 물론 우리는 혼자서 성경을 보면서도 어느 정도는 자랄 수 있습니다. 그러나 하나님은 교회에 교사를 두셔서 우리가 하나님의 말씀으로 먹고 성장을 할 수 있도록 도와주시고자 하십니다.

## 부적절한 가르침의 과실
## (The Fault of Inadequate Teaching)

교회는 우리가 잘 알아야 할 것을 알지 못하고 있습니다. 어떤 사람이 이렇게 말했습니다. "그 여자는 부전공을 전공했습니다." 어떤 것을 가르치고 설교를 했을 때 정말 중요한 주제보다는 덜 중요한 주제를 가르쳤다는 것입니다.

만일 우리가 자라려면 우리는 하나님의 말씀으로 먹여져야 합니다.

교회는 사람의 '의'의 필요성에 대해서, 하나님을 기쁘시게 하는 데 우리가 얼마나 약하고 부족한지에 대해서 가장 잘 가르쳐 왔습니다. 교회는 믿는 자의 죄에 대해서 공공연히 비난하는 데에도 상당한 강점이 있었습니다. 불신앙과 세상과 연합하는 일, 믿음이 없는 것에 대한 것을 많이 설교해 왔습니다.

그러나 슬프게도 교회는 그리스도 안에서 우리가 어떤 존재인지, 우리가 어떻게 믿음과 의를 얻을 수 있는지에 대해서는 상당히 부족하였습니다.

많은 사람들이 당신에게 필요한 것을 말해 주지만 어떻게 그것을 가질 수 있는지는 가르쳐 주지 못하고 있습니다. 그렇다면 더 발전할 수 없게 됩니다. 어떤 사람이 교회를 떠나면서 하는 말과 같습니다. 그의 아내가 그에게 좀 이상한 것을 느껴서 묻습니다.

"무슨 일이에요?"

"모르겠어요. 나는 실망이 되고 용기가 없어집니다"라고 그는 대답했습니다.

"왜요?"

"교회 때문에요. 우리 목사님 때문에요. 목사님은 오늘 믿음에 대해 설교를 했어요. 그는 아주 훌륭한 성경 구절들을 인용했지요. '믿는 자에게는 능치 못함이 없느니라' '그러므로 내가 너희에게 말하노니 무엇이든지 기도하고 구하는 것은 받은 줄로 믿으라 그리하면 너희에게 그대로 되리라' 목사님은 우리가 믿음이 있다면 어떻게 되는지는 말해 주었지만 어떻게 해야 믿음이 생기는지는 말해 주지 않았어요. 나는 그냥 공중에 떠있는 기분이에요. 나는 믿음이 있어야하는지는 알지만 또 믿음이 있으면 어떻게 되는지도 알지만 어떻게 믿음을 얻어야 되는 지는 모르겠어요."

사실 그에게는 믿음이 항상 있었습니다. 구원받을 만한 믿음. 만일 그가 바르게 배웠더라면 하나님의 말씀을 믿음의 분량대로 먹어서 그 믿음의 분량이 자랄 수 있었을 것입니다. 그는 같은 믿음을 사용하여 그의 육신의 병도 치유 받을 수 있었을 것입니다. 그는 또 같은 믿음을 사용하여 기도 응답을 받을 수 있었을 것입니다. 그는 또 같은 믿음으로 성령의 충만함도 받을 수 있었을 것입니다. 그러나 그는 알지 못했습니다.

우리는 그를 탓할 수 없습니다. 왜냐하면 그가 들은 것은 그를 돕기는커녕 오히려 방해가 되었기 때문입니다. 그것은 그를 먹인 것이 아니라 오히려 후퇴시켰습니다.

어느 집회의 모임이 끝난 후 내게 악수를 청하러 올라온 세련된 여자 분의 얼굴이 빛나고 있었습니다. 이분은 3주간의 집회 중 처음 나온 사람이었지만 나는 예배 중에 그녀의 얼굴이 피어나고 열리는 것을 봤습니다.

"해긴 목사님, 고맙습니다"라고 그 여자는 말했습니다.

"무엇 때문이지요?"

"말씀이요. 당신은 나에게 구원의 기쁨을 되돌려 주셨습니다."

"주님을 찬양합니다"라고 나는 말했습니다.

"나는 이 교회의 방문자입니다. 우리 교회 마지막 예배에서는 물론 우리 목사님이 우리들이 기도하게 하려는 의도를 알아요. 그러나 우리가 기도하기를 원하도록 올바른 방법으로 설교하시는 것이 아니라, 한 시간 동안이나 우리를 내려치는 것이었습니다. 그리고 설교가 끝난 후 나는 강단 앞으로 나가 무릎을 꿇고 머리를 숙이고 말했습니다. '사랑하는 하나님, 나는 내가 구원 받았는지 못 받았는지 모르겠어요. 내가 무엇을 가지고 있는지 없는지 모르겠어요. 나는 내가 어디로 가는지 누구인지 모르겠어요.' 나는 오후 1시 반까지 그렇게 엎드려 울었습니다. 그러나 당신은 나에게 기도를 하도록 용기를 북돋아 주셨습니다. 그리고 나는 나의 삶에서 이렇게 많이 기도를 한 적이 없습니다. 나는 주님과의 교제를 그 어느 때 보다 즐기고 있습니다. 나는 내가 처음 거듭났을 때의 구원의 기쁨을 되찾았습니다."

우리가 성장하지 않은 다른 이유는 믿는 자들에게 그들이 죄인인 것처럼 설교하기 때문입니다. 우리는 그들이 죄인인 것처럼 대우를 했고 죄인인 것처럼 먹였습니다. 우리는 그들의 신앙을 침식시킬 때까지 그렇게 했습니다.

우리는 하나님의 축복을 보여주고 하나님의 능력을 보여 주어서 사람들이 하고 싶게 만들어야 합니다. 그리고 그들의 마음이 갈증이 나서 하지 않고는 견딜 수 없게 해야 합니다. 만일 사람들에게 강제로 하게 한다면 잘 되지도 않을 뿐 아니라 그들에게 축복이나 덕이 되지 않을 것입니다.

나는 우리가 패배한 일들에 대해서 말하고 있는 것입니다.

무의식적으로 우리의 사역은 회중에게 불신앙의 심리를 심어 주었습니다. 그들이 가지고 있는 것을 이야기하기 보다는 그들이 가지지 않은 것을 이야기 했습니다.

그들은 정치에 대하여 이야기합니다. 예수님이 세상에 나가서 정치에 대하여 말하라고 하신 적이 있나요? 예수님은 그런 말을 하신 적이 없습니다. 그리고 예수님이 "세상에 나가서 책 읽은 것에 대하여 이야기하라"라고 하신 것을 읽은 적이 있나요? 예수님은 "세상에 나가서 복음을 전파하라"라고 하셨습니다.

무의식적으로 우리의 사역은 우리들에게 불신앙의 심리를 먹여 왔습니다.

우리가 하는 대부분의 찬양은 성경적이 아닙니다. (나는 우리의 성장을 방해하는 것들을 말하고 있습니다.) 많은 찬송들은 우리의 속량이 우리가 죽은 후에 이루어지는 것 같이 표현하고 있습니다)

"우리는 여기 많이 가지고 있지 않습니다;

많이 기대할 수도 없습니다;

그러나 우리는 한참 후에는 다 가질 수 있습니다.

우리가 여기 있는 동안 최선을 다 할 것입니다;

이렇게 침울한 세상에 거지같이 돌아다니지만,
그러나 천국에 갈 때 나는 달라질 것입니다."

그러나 당신이 하나님을 믿으면 지금 달라질 것입니다! 찬양을 잘 들어 보십시오. 설교를 잘 들어 보십시오.

그들은 우리에게 영생에 대한 약속이 있다고 말합니다 - 믿는 사람들에게 말하는 것입니다. 우리는 영생에 대한 약속을 가지고 있지 않습니다. 죄인들에게는 영생에 대한 약속이 있지요. 우리는 영원한 삶을 지금 가지고 있습니다. 영생은 당신이 천국 가서 갖게 되는 것이 아닙니다. 영생은 당신이 지금 가지고 있는 것입니다.

> 요일 5:13
> 내가 하나님의 아들의 이름을 믿는 너희에게 이것을 쓰는 것은
> 너희로 하여금 너희에게 영생이 있음을 알게 하려 함이라

현재형입니다. '너희에게 있음을…'

성경은 우리가 사망, 즉 영적 죽음에서 옮겨 생명으로 간다고 말합니다(요일 3:14). 여기서 희랍어의 생명이란 단어는 '조에(zoe)'입니다. 이것은 요한복음 3장 16절에 있는 것과 같은 단어입니다. "저를 믿는 자마다 멸망치 않고 영생을 얻게 하려 하심이라."

예수님은 "도적이 오는 것은 도적질하고 죽이고 멸망시키려는 것뿐이요 내가 온 것은(예수님, 무엇을 하려고 오셨어요?) 양으로 생명을 얻게 하고 더 풍성히 얻게 하려는 것이라"

고 말씀하셨습니다.

그래서 예수님이 오신 것입니다! 우리에게 조에(zoe)를 주시려고요! 생명! 가끔 이것은 '생명'이라고 번역됩니다. 어떤 때는 '영생'이라고 번역됩니다. 그리고 어떤 때는 '영원한 삶'이라고도 번역됩니다. 그러나 이것은 모두 같은 단어입니다.

예수님은 "내가 온 것은 양으로 생명을 얻게 하고 더 풍성히 얻게 하려는 것이라"고 말씀하십니다(요 10:10).

예수님은 당신이 이 생명을 지금 가질 수 있다고 했습니다 – 그리고 더 풍성히 가질 수 있다는 것입니다! 그래서 예수님이 오신 것입니다!

나는 라디오에서 어떤 목사님이 우리가 약속은 가지고 있지만 사실은 앞으로 언젠가 가지게 될 것이라고 설교하는 것을 들은 적이 있습니다. 아닙니다. 만일 당신이 이생에서 생명을 가지지 않았다면 이 삶이 끝난 후에도 절대로 그것을 가질 수 없습니다.

"죄의 삯은 사망이요 하나님의 은사는 그리스도 예수 우리 주 안에 있는 영생이니라"(롬 6:23). 이것은 당신이 지금 받는 선물입니다! 당신은 이 생명을 받습니다. 이 조에(zoe), 하나님의 생명, 하나님과 같은 생명을 당신의 영에, 당신의 속사람 안에 받습니다.

이것이 당신의 삶을 변화시킵니다! 이 생명은 하나님의 본성입니다. 이것이 당신을 새로운 피조물로 만들고 당신 속에 있던 당신의 옛 본성을 내어 버리게 합니다. 그래서 당신은 그리스도 예수 안에서 새로운 본성을 가진 새 사람이 됩니다. "…이전 것은 지나갔으니 보라 새것이 되었도다"(고후 5:17).

그러나 우리들이 부르는 찬송의 대부분은 속량과 영생을 죽음 후로 미루어 놓습니다.

"우리가 그때 가질 수 있습니다."

"우리는 천당 가서 쉬겠네."

당신은 성경이 무엇을 가르치는지 아십니까? 성경은 안식과 평안을 지금 가질 수 있다고 가르칩니다. 예수님은 이렇게 말씀하셨습니다.

> 마 11:28-30
> 28 수고하고 무거운 짐 진 자들아 다 내게로 오라 내가 너희를 쉬게 하리라
> 29 나는 마음이 온유하고 겸손하니 나의 멍에를 메고 내게 배우라 그리하면 너희 마음이 쉼을 얻으리니
> 30 이는 내 멍에는 쉽고 내 짐은 가벼움이라 하시니라

어떤 사람들의 이야기를 들어보면 나는 그들이 어떤 멍에를 메고 있는지 궁금합니다. 이것은 언제나 비극적인 이야기입니다. 언제나 시험을 지나가고 있습니다. 언제나 고생을 하고 있습니다. 언제나 쌀독 바닥을 긁고 있습니다. 그렇지 않으면 안간힘을 쓰고 있습니다.

"오, 이렇게 무거운 짐을 우리가 져야 합니다. 언젠가는 이 무거운 짐을 벗을 날도 있을 것입니다."

아닙니다. 당신은 예수님을 만났을 때 그 짐을 내려놓은 것입니다. "내 멍에는 쉽고 내짐은 가볍다"라고 예수님은 말씀하십니다. 그것은 힘들지 않습니다. 그것은 번거롭지 않습니다. 그 멍에는 무겁지 않습니다.

그들이 무슨 멍에를 메었을까요? 무의식적으로 그들은 불신앙의 멍에를 멘 것입니다. 비록 그들이 예수님께 속했고 거듭났지만 그들은 불신앙의 멍에를 메고 있으므로 그들의 짐은 가벼워지기는커녕 점점 무거워집니다. 그들은 잠을 잘 수 없습니다. 먹을 수도 없습니다. 뱃속에 나비들이 있는 것 같은 느낌입니다.

당신의 혼에 안식이 있으면 그것은 당신의 몸에 영향을 미칩니다. 그것은 당신 전체에 영향을 미칩니다.

"우리는 한참 있다가 승리를 할 것입니다."

아닙니다. 하나님께 감사합니다. 우리는 지금 승리합니다!

> 요일 5:4
> 무릇 하나님께로부터 난 자마다 세상을 이기느니라 세상을 이기는 승리는 이것이니 우리의 믿음이니라

"우리가 천국에서 승리자 되겠네."

아닙니다. 우리는 지금 승리자입니다.

"만일 하나님이 우리를 위하시면 누가 우리를 대적하리요?" (롬 8:31). 하나님이 우리 편입니다. 우리는 지금 승리자입니다. 우리는 지금 정복자입니다.

"우리가 천국가면 하나님과 평화를 가지겠네."

이것은 성경이 말하는 것이 아닙니다. 로마서 5장 1절은 이렇게 말합니다. "그런즉 우리가 믿음으로 의롭다 하심을 얻었은즉 우리 주 예수 그리스도로 말미암아 하나님으로 더불어 화평을 누리자." 이러한 화평을 갖는 것은 놀라운 일입니다.

성경은 이렇게 말합니다. "여호와께서 말씀하시되 악인에게는 평강이 없다 하셨느니라"(사 48:22). 만일 나에게 이 평강이 없다면 나는 돌아서서 나 자신을 잘 살펴보겠습니다. 그러나 이것은 그리스도인들에게 하신 말씀이 아닙니다. 이것은 죄인들에게 하신 말씀이십니다.

당신이 그리스도인들을 향해 죄인들에게 하듯이 설교를 하면 그들 속에 그런 의식을 쌓고 있는 것입니다. 당신은 그들을 정죄아래 두는 것입니다. 그들은 자랄 수 없습니다. 그들이 자란다는 것은 불가능한 일입니다. 이것은 옳지 않은 식이요법입니다. 이것은 말씀의 순전한 우유도 아닙니다.

잔 알렉산더 두위박사는 "우리의 찬양은 불신앙으로 찌들어 있습니다"라고 말했습니다. 그런 것들이 우리를 성장하지 못하게 했습니다. 우리들이 그런 노래를 너무 불러서 그런 것 같습니다. 나는 당신을 묶고 싶지 않습니다. 그러나 그런 불신앙적인 쓰레기 같은 노래를 부르느니, 아예 노래를 안 부르는 것이 더 낫습니다.

"천국에 가서는 실패가 없겠네. 이곳에는 아무 것도 없고 기대할 것도 없네. 실패와 불행과 실망과 약함만 있네."

이것은 하나님의 말씀이 가르치는 바가 아닙니다. 바울은 우리가 '정복자보다 큰 자'라고 말했습니다. 그냥 정복자가 아니라 정복자보다 더 큰 자라는 것입니다!

"그렇지요. 그러나 바울은 사도였습니다"라고 어떤 사람이 말했습니다.

바울은 그가 정복자가 된 것은 사도이기 때문이라고 말하지 않았습니다. "그러나 이 모든 일에 우리를 사랑하시는 이로 말미암아 우리가 넉넉히 이기느니라(more than conquerors)" (롬 8:37). 그리스도는 우리들보다 바울에게 더 많이 속해 있지 않습니다.

그렇지만 당신에게 시험이 없다는 말은 아닙니다. 당신에게 시련이 없다는 말은 아닙니다. 그냥 잘 익은 체리같이 당신에게 떨어진다는 뜻이 아닙니다. 강물위에 뜬 꽃으로 만든 침대를 타고 흘러 내려가는 것처럼 쉽다는 뜻이 아닙니다. 바울의 삶도 쉽지 않았습니다. 그는 감옥에도 갔습니다. 등에 채찍도 맞았습니다. 그의 발에 차꼬도 채워졌습니다. 제일 깊은 감옥에서 세상의 모든 불평과 불만을 할 수 있는 모든 이유를 가지고 갇혀있었습니다. 그러나 밤중에 바울과 실라는 기도하고 하나님을 찬양했습니다!

그가 죄수로서 배에 올랐을 때도 그는 이렇게 말했습니다. "여러분이여 내가 보니 이번 행선이 하물과 배만 아니라 우리 생명에도 타격과 많은 손해가 있으리라"(행 27:10). 그들은 그에게 전혀 주의를 기울이지 않았습니다. 그들에게는 모든 것이 좋아 보였습니다. 그러나 일정이 끝나기 전에 바울은 이미 이 배를 주관하고 있었습니다. 그는 밑바닥에서 시작하였으나 배를 주관하는 선장과 같은 자리에 앉은 것입니다.

그냥 밑바닥에 있지 마십시오! 그럴 필요가 없습니다. 당신은 누가 바울을 그 밑바닥에서 올려 주었는지 아십니까? 그가 한 말에서 알 수 있습니다.

그들이 살아남을 모든 소망이 사라지자 바울은 그들에게로 응답을 가지고 나온 것입니다. 그는 하늘로부터 들은 것입니다. (우리에게는 하나님의 말씀이 있으므로 우리도 하늘로부터 듣습니다. 만일 천사가 내려와서 그의 손가락으로 돌에 썼다고 해도 더 이상 확실할 수 없습니다. 하나님의 기록된 말씀이 무엇보다 더 확실한 것입니다.)

바울은 말했습니다. "내가 속한 바 곧 내가 섬기는 하나님의 사자가 어제 밤에 내 곁에 서서 말하되 바울아 두려워 말라 네가 가이사 앞에 서야 하겠고 또 하나님께서 너와 함께 항해하는 자를 다 네게 주셨다 하였으니 그러므로 여러분이여 안심하라 나는 내게 말씀하신 그대로 되리라고 하나님을 믿노라"(행 27:23-25).

나는 정말 바울을 좋아합니다. 그는 세 개의 긍정적인 말을 합니다. "나는 하나님께 속했습니다. 나는 하나님을 섬깁니다. 나는 하나님을 믿습니다." 그것 때문에 그는 밑바닥에서 위로 올라간 것입니다.

만일 그가 다른 사람들과 같았더라면 이 위기 속에서 잔뜩

매 맞고 그와 함께 모든 사람들이 물에 빠졌을 것입니다. 대부분의 다른 사람들은 이렇게 말했을 것입니다. "나는 이렇게 수년 동안 하나님을 섬기느라 고생을 하였습니다. 하나님께서는 내가 주님을 섬기려고 애쓴 것을 아십니다. 하나님이 역사하시지 않으면 우리는 다 죽게 될 것입니다."

그리고 그들은 다 죽었을 것입니다. 나는 농담을 하는 것이 아닙니다. 나는 사실을 말하고 있습니다. 그런 것들이 우리를 패배시킵니다.

바울은 "나는 하나님을 섬기려고 합니다"라고 말하지 않았고 "나는 하나님을 섬깁니다. 나의 속한바 곧 나의 섬기는 하나님"이라고 말했습니다.

어떤 사람들은 이렇게 말합니다. "나도 하나님께 속했기를 바래요."

하나님께 감사합니다. 나는 하나님께 속한 것을 압니다. 나는 하나님께 속했습니다. 나는 그분을 섬깁니다. 나는 그분을 믿습니다.

# 제 4 부

## 제 8 장
## 당신은 어떤 사람입니까?
(What Manner of Man Are You?)

> 유대인에게나 헬라인에게나 하나님의 교회에나 거치는 자가 되지 말고
>
> (고전 10:32)

여기서 우리는 하나님께서 어떻게 인종을 분리하시는가 알 수 있습니다: 사람들은 유대인이거나, 이방인이거나, 하나님의 교회에 속해 있습니다. 한번 유대인이면 영원히 유대인입니다. 이방인은 이교도의 모든 사람입니다. 그리스도 밖의 모든 사람은 유대인이 아니면 이방인 혹인 이교도입니다. 그리스도의 몸인 교회는 새로운 피조물로서 오직 홀로 서 있습니다.

바울은 그의 서신서에서 다르게 인종적 분리를 하고 있습니다: 자연적인 사람, 육신적인 사람, 그리고 영적인 사람이 그것입니다.

자연적인 사람은 아직 죽음을 지나 생명을 가지지 못한 사람입니다. 그는 아직 거듭나지 못한 사람입니다.

그는 그리스도 예수 안에서 새로운 피조물이 되지 못한 사람입니다.

육신적인 사람은 새로운 피조물입니다. 그는 거듭났습니다. 그러나 그는 절대로 발전하고 성장하지 못했습니다. 이 육신적인 사람이 평생토록 그런 상태로 산다는 것은 슬프지만 사실입니다. 그는 결코 새로운 피조물의 유아기를 넘어서 발전하지 못할 수도 있습니다. 그는 그의 영의 지배를 받지 못하고 그의 몸과 육신적인 감각에 따라 지배됩니다.

영적인 사람은 신령한 일에 성장한 사람입니다. 그의 영은 그의 지적인 영역보다 우월합니다. 그리고 그의 영은 그의 몸과 육신적인 감각에서도 주도권을 가집니다. 하나님은 그를 말씀으로 다스립니다.

이러한 세 가지의 사람을 자세히 살펴서 '우리가 어디 속해 있나'를 알고 우리가 어떻게 해야 되는지를 알아봅시다.

제 9 장

# 자연적인 사람
(The Natural Man)

> 육에 속한 사람은 하나님의 성령의 일들을 받지 아니하나니 이는 그것들이 그에게는 어리석게 보임이요, 또 그는 그것들을 알 수도 없나니 그러한 일은 영적으로 분별되기 때문이라
> (고전 2:14)

다른 번역본을 이렇게 말합니다. "그러한 일들은 영적으로만 이해되기 때문입니다." 당신이 하나님의 일들과 영적인 일들을 당신의 마음(mind)으로 이해한다면 자연적인 사람들도 그것을 이해할 수 있습니다. 그러나 그렇지 않습니다. 당신은 영으로 그것을 분별하고 이해해야 합니다.

자연적인 사람은 영적이 아닌 육신적인 사람입니다. 그의 지혜는 땅의 것입니다. 땅의 것이란 말은 자연 상태란 말입니다. 야고보는 다음과 같이 설명합니다.

약 3:14, 15
14 그러나 너희 마음 속에 독한 시기와 다툼이 있으면 자랑하지 말라 진리를 거슬러 거짓말하지 말라

15 이러한 지혜는 위로부터 내려온 것이 아니요 땅 위의 것이요
정욕의 것이요 귀신의 것이니

자연적인 사람들은 마귀들에 의해 움직이는 사람들입니다. 그는 사단에게 지배됩니다. 나는 그가 귀신들렸다고 말하는 것이 아닙니다. 거듭나지 않은 사람들은 사단을 그들의 하나님과 아버지로 모신 사람들입니다. 그들은 어둠의 왕국에 속해있습니다. 그래서 그들은 사단과 그의 마귀들에 의하여 크던 작던 영향을 받습니다. 에베소서 6장 12절은 이렇게 말합니다. "…정사와 권세와 이 어두움의 세상 주관자들과 하늘에 있는 악의 영들에게 대함이라" 자연적인 사람은 사단에게 지배받는 사람입니다.

롬 8:7-9
7 육신의 생각은 하나님과 원수가 되나니 이는 하나님의 법에 굴복하지 아니할 뿐 아니라 할 수도 없음이라
8 육신에 있는 자들은 하나님을 기쁘시게 할 수 없느니라
9 만일 너희 속에 하나님의 영이 거하시면 너희가 육신에 있지 아니하고 영에 있나니 누구든지 그리스도의 영이 없으면 그리스도의 사람이 아니라

자연적인 사람은 육신에 의해 움직이는 사람입니다. 영적인 사람이 아니고 육신적인 사람입니다.
(나는 몇 년 전 '육신'이라고 쓰인 곳마다 '감각'이나 '육신적 감각'이란 단어로 대치하는 것이 로마서를 공부하는데 도움

이 된다는 것을 발견하였습니다. 육신은 육신적 감각을 통해서만 표현되기 때문입니다. 이렇게 하면 당신의 생각이 많이 분명해 질 수 있습니다.)

## '지식' 의 비교 : 계시된 지식 – 자연적 인간의 지식
(Knowledge Contrasted : Revelation – Natural Human)

자연적인 사람은 그가 영적인 것에 대하여 알지 못하기 때문에 하나님의 영으로부터 아무 것도 받을 수 없습니다. 자연적인 사람이 가진 모든 지식은 그의 오감으로부터 옵니다. 시각, 청각, 미각, 후각, 촉각입니다. 그의 마음은 그의 오감에 의해 다스려 집니다. 나는 이것을 자연적 인간의 지식이라고 부릅니다. 다른 사람들은 이것을 감각 지식이라고 부릅니다. 자연적 인간의 지식은 매우 좋은 용어입니다. 이것이 오는 것은 오감을 통해서입니다. 자연적인 사람이 가지고 있는 것이라고는 감각 지식, 자연적 인간의 지식이 전부입니다.

그러나 거듭난 신자는 육신 이상의, 감각 이상의 지식을 가지고 있습니다. 이것은 계시의 지식이라고 불릴 수 있습니다. 그 지식은 하나님의 말씀으로 우리에게 계시된 것입니다. 이것은 자연적인 것 이상입니다. 성경은 당신에게 당신의 육신적인 감각으로는 알 수 없는 계시나 계시된 지식을 가져옵니다. 계시가 온 후에도 당신은 이해할 수 없었습니다. 그러나 하나님께 감사한 것은 그 안에 계시가 있다는 것입니다.

모든 믿는 자가 자연적 인간의 지식 혹은 감각 지식과 계시 지식의 현저한 차이를 아는 것은 매우 중요합니다.

현대의 많은 신학자들은 계시 지식의 사람들이 아니라 감각 지식의 사람들입니다. 모든 것이 그들의 마음(mind)에 있습니다. 세계 교회의 대부분의 지도자들도 전체적으로 보면 사실 감각 지식의 사람들입니다. 만일 그들이 구원받았다 하더라도 그들은 영적으로 성장하지 못했습니다. 많은 사람들이 구원조차 받지 못한 자연적인 사람입니다. 그들은 그들의 육신적인 감각으로 다스려집니다. 그렇기 때문에 계시의 지식을 거부하고 그들의 삶에 이것을 첫 번째 자리가 아닌 두 번째 자리에 둡니다.

자연적인 사람들은 '하나님의 영의 일들'을 이해할 수 없습니다. 그들에겐 그런 것들이 어리석게만 보입니다. 성경은 하나님의 영의 책입니다. 이것은 자연적 인간 지식이 아닙니다. 옛날 거룩하게 구별된 사람들이 하나님의 영으로 영감을 받아서 쓴 것입니다.

"해긴 목사님, 이것은 참 신선한 것이군요." 어떤 사람이 말했습니다. "나는 학교를 다니는데 나의 교수님이 성경에 대하여, '너희들이 이해하지 못하고 이성으로 알 수 없으면 잊어버려라'라고 말했습니다."

당신이 하나님을 이해하고 이성으로 알 수 있습니까? 이 교수의 권유에 따르면 잊어버려야겠군요. 당신의 작은 머리로 하나님의 아들 예수님과 동정녀의 잉태를 이해하고 이성으로 알 수 있습니까? (이 교수는 또 말했습니다. "처녀 잉태는 이치에 맞지 않다. 그럴 수는 없다.") 당신은 성령님을 이해하고 이론으로 설명할 수 있습니까? 당신은 치유를 이해하고 이치로 설명할 수 있습니까? 당신은 초자연적인 것을 이해하고 이론적으로 설명할 수 있습니까? 아닙니다!

"자, 이치에 맞지 않으면 잊어버리십시오"라고 한 말은 내가 자연적인 사람은 감각 지식에 의해 지배된다고 한 말을 증거하고 있습니다. 그는 감각에 의해 움직이는 사람입니다.

당신은 이런 사람들을 쉽게 구별할 수 있습니다. 그들은 또 "자, 상식이 있지 않습니까…"라고 말합니다. 그렇습니다. 그러나 성경 어디에서 우리가 상식으로 산다고 하는 것을 읽어 보았습니까? 없습니다. 성경은 보는 것이 아니고 믿음으로 산다고 했습니다(고후 5:7). 그리고 "…하나님의 영으로 인도함을 받는 사람은 곧 하나님의 아들이라"고 말합니다(롬 8:14).

자연적인 사람은 성경을 이해하지 못합니다. 왜냐하면 이것은 하나님의 영으로부터 온 것이기 때문입니다. 이것은 그가 전혀 알지 못하는 영역의 일이기 때문입니다. 어떤 사람은 "당신이 잘 알고 있는 것이 아니면 잘 모르는 것입니다"라고 말합니다. 많은 사람들이 잘 모르는 이유는 그들이 잘 알지 못하기 때문입니다. 어떤 사람이 자연인으로 거듭나지 않았다면 그는 영적인 일을 잘 모릅니다. 그는 그런 것에 대하여 전혀 알지 못합니다. 그래서 그는 모르는 것입니다.

## 자연적인 삶(Natural Walk)

> 엡 2:1-3
> 1 그는 허물과 죄로 죽었던 너희를 살리셨도다
> 2 그 때에 너희는 그 가운데서 행하여 이 세상 풍조를 따르고 공중의 권세 잡은 자를 따랐으니 곧 지금 불순종의 아들들 가운데서 역사하는 영이라
> 3 전에는 우리도 다 그 가운데서 우리 육체의 욕심을 따라 지내며 육체와 마음의 원하는 것을 하여 다른 이들과 같이 본질상 진노의 자녀이었더니

이것은 자연인으로 사는 사람의 삶의 모습입니다. 그는 '이 세상 풍속을 따라' 사는 사람입니다. 그는 '공중의 권세 잡은 자를 따르는' 사람입니다. 그것은 마귀를 따르는 것입니다. 그는 '지금 불순종의 아들들 가운데 역사하는 영'의 지배를 받습니다. 그는 '육신의 욕망'이나 감각을 따라 삽니다. 그는 '본질상 진노의 자녀'입니다.

이것은 상당히 강한 표현이나 이것은 그리스도 밖에 있는 사람들을 설명하고 있습니다. 같은 장 11절과 12절을 주의하여 보십시오.

> 엡 2:11-12
> 11 그러므로 생각하라 너희는 그 때에 육체로는 이방인이요 손으로 육체에 행한 할례를 받은 무리라 칭하는 자들로부터 할례를 받지 않은 무리라 칭함을 받는 자들이라

> 12 그 때에 너희는 그리스도 밖에 있었고 이스라엘 나라 밖의 사람이라 약속의 언약들에 대하여는 외인이요 세상에서 소망이 없고 하나님도 없는 자이더니

미국 개역 성경 번역본은 12절을 "그때에 여러분은 그리스도로부터 분리되어 있었고 이스라엘 나라 밖에 멀리 있었던 사람입니다. 그리고 약속의 언약은 알지도 못하는 사람들이었고 소망도 없고 하나님이 없는 세상에 있었습니다"라고 썼습니다.

이것은 우리가 구원받기 전의 모습입니다. 이것은 지금 구원받지 못한 모든 사람들의 모습입니다. 이방인들은 그때나 지금이나 하나님에 대해 아무 주장을 할 수 없습니다. 그는 이방인으로서 아무 법적 근거나 법적 권리가 없었습니다. 그러나 하나님께 감사합니다. 그들은 와서 거듭날 수 있고 그리스도의 몸의 지체가 될 수 있습니다. 그러면 그에게는 근거와 권리가 주어지게 되는 것입니다.

> 고전 1:28
> 하나님께서 세상의 천한 것들과 멸시 받는 것들과 없는 것들을 택하사 있는 것들을 폐하려 하시나니

여기서 하나님의 말씀은 그리스도 안에서 하나님이 우리를 택했을 때를 이야기하고 있습니다. 그분은 우리를 '세상의 천한 것들'이라고 부르십니다. 그분은 우리를 '멸시받는 것'이라고 부르십니다. 그분은 우리를 '없는 것'이라 부르십니다.

자연적인 사람 **125**

센티나리 번역본은 여기의 '없는 것들'이란 로마 왕국의 노예를 나타내고 있다고 합니다. 그들은 아무 근거도 없었고 의견도 낼 수 없었습니다. 그들은 말하자면 그냥 물건들과 같았습니다. 그러나 그들이 그리스도인이 되었을 때 그들은 하나님 앞에 설 수 있었습니다.

베드로전서 2장 10절에서는 "너희가 전에는 백성이 아니더니 이제는 하나님의 백성이요…"라고 썼습니다.

이방인들은 아무 근거가 없었습니다. 그는 '백성'이 아니었습니다. 그는 그의 자랑스러운 문화와 능력과 돈으로도 하나님께 아무런 의견을 낼 수 없었고 아무런 근거도 없었습니다. 에베소서 2장 11절은 영적으로 매여 있는 상태를 희망이 없고, 소망이 없고, 하나님도 없는 자라고 묘사하고 있습니다. 소망도 없고, 하나님도 없습니다.

> 엡 4:17-18
> 17 그러므로 내가 이것을 말하며 주 안에서 증언하노니 이제부터 너희는 이방인이 그 마음(mind)의 허망한 것으로 행함 같이 행하지 말라
> 18 그들의 총명이 어두워지고 그들 가운데 있는 무지함과 그들의 마음이 굳어짐으로 말미암아 하나님의 생명에서 떠나 있도다

그들은 감각 지식의 허망한 것 안에서 삽니다. 그들은 그들의 마음(mind)의 허망한 것으로 삽니다. 그들의 이해는 어두워졌습니다. 그들은 하나님의 생명에서 떨어져나간 자들입니다.

그들은 그들 자신의 지식으로 꽉 차 있습니다; 영적인 것에 대해서는 무지합니다.

이것이 그들의 모습이 아닙니까?

그러나 하나님께 감사합니다. 이곳에도 길은 있습니다. 여기서 빠져나갈 길이 있습니다. 하나님께 가는 길이 있습니다. 예수님은 말씀하셨습니다. "내가 길이요 진리요 생명이니라."

## 제 10 장

# 육신적인 사람
(The Carnal Man)

형제들아 내가 신령한 자들을 대함과 같이 너희에게 말할 수 없어서 육신에 속한 자 곧 그리스도 안에서 어린 아이들을 대함과 같이 하노라 내가 너희를 젖으로 먹이고 밥으로 아니하였노니 이는 너희가 감당하지 못하였음이거니와 지금도 못하리라 너희는 아직도 육신에 속한 자로다 너희 가운데 시기와 분쟁이 있으니 어찌 육신에 속하여 사람을 따라 행함이 아니리요

(고전 3:1-3)

누가 육신적인 사람입니까? 그는 그리스도 안에 있는 어린 아기입니다. 방금 태어난 신생아는 아니더라도 – 사도 바울이 고린도에 이 편지를 썼을 때 그들은 방금 태어난 사람들이 아니었습니다. 바울은 그들의 영적 발전에 있어서 그들의 현재 상태보다 더 성장되었어야 한다고 분명히 말하고 있습니다. 그들은 히브리 교인들과 비슷한 정도에 있었던 것 같습니다 (히 5:12).

바울이 고린도에 쓴 편지는 믿고 거듭나서 성령 충만한 사람들에게 쓰여진 것입니다. 이 교회는 성령의 모든 은사가 나

타나던 교회였습니다. 그는 그들에게 '너희가 모든 은사에 부족함이 없다'라고 말했습니다. 바울은 그들의 잘못된 것을 교정해주기 전에 그들을 잠시 칭찬하고 있습니다(고전 1:7). 특별히 그들은 발언의 은사(Utterance gift)가 풍성하다고 언급하고 있습니다(고전 1:5). 당신은 바울이 어디서부터 그들을 교정해주기 시작했는지 알 수 있습니다. 그들은 서로 나서서 방언으로 말하려고 했습니다.

여기에 우리의 잘못된 생각을 바로 잡아 성장할 수 있게 도와주는 진리가 있습니다. 영적인 은사가 여러분을 성장한 그리스도인으로 만들지는 않는다는 것입니다. 가끔 사람들이 영성에 대하여 오해하고 있습니다. 어떤 사람들은 성령의 은사를 잘 활용하기만 하면 영적이라고 생각합니다. 그러나 그렇지 않습니다. 고린도 교인들은 육신적이었으며 아기들이었지만 그들의 교회에는 모든 영적인 은사가 활용되고 있었습니다.

나는 어떤 사람들이 그들 생각에 육신적인 사람이 방언이나 방언 통역이나 예언하는 것을 들으면서 "저것은 주님께로부터 온 것이 아닐 것입니다"라고 말하는 것을 들었습니다.

"왜 그렇지요?" 내가 물었습니다.

그들은 대답합니다. "왜냐하면 그들은 육신적이기 때문이지요."

"그러면 육신적인 그리스도인들은 성령을 가질 수 없다는 말인가요?"

"그럼요."

"그럴 리가 없지요. 당신 안에도 성령님이 있고 고린도 교인들에게도 성령이 계셨지요."

육신적인 그리스도인들도 성령님을 가질 수 있습니까?

물론 가질 수 있습니다.

"육신적인 그리스도인들도 구원을 받았습니까?" 수년 전에 순복음 잡지에 어떤 사람이 이렇게 물어본 적이 있습니다. 나는 그 응답이 매우 귀여운 방법이었다고 생각합니다. "사도 바울은 그렇다고 생각한 것 같습니다." 그리고 이 성경 구절을 주었습니다.

사실 '육신적'이라고 번역된 헬라어 원어가 많은 의견들을 불러 일으켰고 성경학자들 간에 적지 않은 혼란을 가져왔습니다. 나는 최근에야 겨우 성령님께서 이 단어를 우리에게 분명하게 보여 주셨다고 생각합니다. 어떤 성경 구절에서는 '육신적'이라고 번역되었고 어떤 성경 구절에서는 '육체적'이라고 번역되었습니다. 이것은 육신의 감각으로 지배되는 사람을 의미합니다. 이것은 육신이 지배하는 사람입니다. 거듭나고 새로운 피조물일지라도 그는 자연적인 사람과 같이 동일한 방법으로 삽니다.

## '그냥 사람'으로 사는 삶
(Walks as a 'Mere Man')

여기서 바울이 말한 것을 다시 들어보겠습니다. "형제들아 내가 신령한 자들을 대함과 같이 너희에게 말할 수 없어서 육신에 속한 자 곧 그리스도 안에서 어린아기들을 대함과 같이 하노라 … 너희가 아직도 육신에 속한 자로다 너희 가운데 시기와 분쟁이 있으니 어찌 육신에 속하여(잘 보십시오) 사람을 따라 행함이 아니리요."

사도 바울은 질투에 대해서, 야고보가 거듭나지 않은 자연적인 사람들에 대하여 언급할 때 말한 것과 같은 것들을 말하고 있습니다. "비록 너희가 거듭났지만 거듭나지 못한 자연적인 사람과 똑같이, 그냥 사람, 보통 사람과 같이 행하고 있다. 너는 세상 사람들이 살고 있는 대로 살고 있다. 너희 가운데 시기와 분쟁이 있다. 너희들은 너희의 육신이 너희를 주관하게 하고 있다."

어떤 현대 번역본에서는 '육신적'이라는 말 대신에 '당신의 몸이 당신을 지배한다'라고 말하고 있습니다. 그것은 좋은 번역입니다. 그리스도 안에서 새로운 사람이 되고 그 안에 성령이 거함에도 속사람이 그를 주관하는 대신 아직 속량 받지 못한 몸인 겉사람(우리가 언젠가는 새로운 몸을 받을 것을 인해 하나님께 감사합니다)이 주관하는 것입니다. 그리스도인들 중에서도 너무나도 많은 경우에 겉사람이 속사람을 지배합니다. 그렇게 하는 동안 그들은 어린아이로, 육신적으로 머무를 수밖에 없습니다. 그들은 그리스도 밖에 있는 세상 사람들과 같은 방법으로 살 것입니다. 당신은 이렇게 성장하지 않은 어린아이와 같은 그리스도인들을 만날 수 있습니다. 그리고 그들이 육신적으로 감각대로 살면서도 자기 자신들을 매우 영적이라고 생각하는 것을 보면 놀라게 됩니다.

나는 성령이 임하면서 순복음 교회로 바뀌게 된 오래된 성결 교회에서 설교를 한 적이 있습니다. 그들 중 몇 사람은 목욕하는 것조차 죄라고 생각하는 듯했습니다. 그 중 한 사람은 실제로 내게 향수를 쓰는 것은 죄라고 말해주었습니다. 또 다른 한 사람은 콜라를 마시는 것이 죄라고 생각하고 있었습니다.

작은 교회가 아니었습니다. 내가 설교하던 주일 아침엔 500명 이상 모였고 주님께서 나에게 특별한 기름부음을 주셔서 그들만을 위한 특별한 말씀을 주셨습니다. 나는 그 후 그런 설교는 다시는 하지 않았습니다. 나는 그때 지금보다도 훨씬 더 위엄이 있었을 때였지만, 강단에서 뛰어 내려가 의자의 통로 사이로 오르락내리락 하며 뛰어다니며 말했습니다. "사람들은 세상적인 것에 대해 말합니다. 이 교회는 내가 설교해온 어떤 교회보다도 더 세상적인 교회입니다." 사람들이 나를 쳐다보았습니다.

그리고 나는 그들에게 세상적이고 육신적인 것이 무엇인지를 말해주기 시작했습니다. 나는 바울 사도가 고린도 교회에 말한 것을 읽었습니다. 그중에 시기와 질투, 말다툼, 분쟁, 분파가 있었다고 말했습니다. "개인적으로 나는 사도 바울이 여러분의 교회에 이 편지를 썼다고 생각했습니다. 그러나 위에 보니까 고린도 교회라고 쓰여 있네요."

그들 중 몇 명은 아주 화가 나서 나와 싸울 준비를 다 하고 있었습니다. (이것이야말로 그들이 육신적이라는 증거가 아닙니까?) 그러나 한편 몇몇 사람에게는 이것이 큰 도움이 되었습니다.

육신적인 그리스도인들은 사랑의 법이나 사랑의 삶을 배우지 못했습니다. 서로 사랑할 때 우리는 시기하거나 다투거나 질투하거나 분쟁하지 않습니다. 고린도 교인들은 거듭났고 성령 충만하였고 성령의 은사들이 나타나고 있었지만 그들은 사랑의 법이나 사랑의 삶을 배우지 못했습니다. 그것은 당신이 영적일 때 배우게 됩니다. 우리가 신령한 사랑, 그리스도의 사랑, 성경적인 사랑, 하나님과 같은 사랑에 거하면 우리는 질투하는 것을 중지하게 됩니다. 다툼과 분쟁도, 뒤에서 다른 사람에 대해 험담하는 일도 중지합니다.

뒤에서 하는 험담과 원망과 질투는 믿는 자들이 성장하지 못했다는 것을 증명합니다. 이것들의 원인이 무엇일까요? 사람들이 이기적이기 때문입니다. 당신이 이기적이고 예민하고, 그래서 쉽게 상처받는다면 당신은 그리스도 안에서 어린아이이며, 성장할 수 없습니다.

## 성장하여 육신적인 것으로부터 빠져나오기
(Growing Out of Carnality)

하나님은 우리들이 성장하기를 바라십니다. 육신적인 상태에서 빠져나가는 길은 성장하는 일 밖에 다른 길이 없습니다.

베드로는 "갓난 아이들 같이 순전하고 신령한 젖을 사모하라 이는 이로 말미암아 너희로 구원에 이르도록 자라게 하려 함이라"고 말했습니다. 바울은 "내가 너희를 우유로 먹였다"라고 말합니다. 사도 바울은 고린도 교인들을 성장시키려고 한 것입니다. 바울은 그들이 구원받지 못했다고 말하지 않았습니다. 이 말을 듣고 어떤 사람들은 놀라겠지만, 그들은 놀라야 합니다.

이 장의 끝에서 바울은 그들에게 이렇게 말합니다. "그런즉 누구든지 사람을 자랑하지 말라 만물이 다 너희 것임이라 바울이나 아볼로나 게바나 세계나 생명이나 사망이나 지금 것이나 장래 것이나 다 너희의 것이요 너희는 그리스도의 것이요 그리스도는 하나님의 것이니라"(고전 3:21-23).

나는 정말 성령님과 말씀을 주신 것에 감사드립니다. 그리고 나는 주님께서 우리 모두에게 인내하시며 도와주시는 것에 대해서 감사합니다.

1951년, 당시 내가 집회를 인도하고 있던 앨라배마에서 3월 초에 기도한 것을 기억합니다. 나는 방언으로, 영으로 기도하고 있었습니다(고전 14:14).

(마귀와 자연적인 사람들은 – 그리고 어떤 때는 육신적인 사람들 까지도 – 이런 것을 싫어합니다. 그러나 이것은 당신에게 도움이 될 것입니다. 하나님을 찬양합니다. 내가 성경에 대하여 아는 대부분의 것들은 방언 기도를 통해 배워졌습니다. 그게 무슨 말이냐고요? 성령님은 우리의 선생님이 되십니다.

당신이 방언으로 충분한 시간을 들여 기도하면 당신의 마음과 몸이 가라앉아 조용해지고 당신의 영이 활동하게 됩니다. 당신은 당신의 영으로 말하고 있는 것입니다. 그러면 하나님은 당신의 영과 교통할 수 있고 당신의 영은 영이신 하나님에 대하여 예민하게 됩니다.)

나는 그날 방언으로 거의 세 시간을 기도했습니다. 그러나 이것은 마치 15분처럼 느껴졌습니다. 시계를 보았을 때 시간이 그렇게 빨리 지나버린 것을 믿을 수 없었습니다. 나는 기도하는 동안 내내 눈을 감고 있었습니다.

그 기도를 하는 동안 주님은 고린도전서의 처음 세 장으로 나를 데리고 갔습니다. - 그리고 그것은 나를 변화 시켰습니다. 그것은 내 사역의 방법을 바꾸었습니다. 그것은 내 인생의 행로를 바꾸었습니다. 그것은 나로 하여금 교회에 더욱 큰 축복이 되게 했습니다. 그것은 나로 하여금 지금까지 내가 해온 모든 것보다 더 큰일을 할 수 있게 했습니다. 그것은 나로 하여금 더욱 성장하게 하였습니다.

하나님은 고린도전서 1장으로 나를 인도하셔서 먼저 바울이 그들을 향해 약간의 칭찬을 한 후 어떻게 그들이 아직도 육신적이며 어린 아이 같은 지를 설명하는 것을 보여 주셨습니다.

그리고 나에게 말씀하셨습니다. "만일 그들에게 편지를 쓴 것이 너나 다른 목사들이었다면, 너는 아마도 '이 타락한 멍청이들아, 기도를 많이 하고 하나님과 바로 서라' 라고 썼을 것이다."

그전까지 나는 정말 그렇게 썼을 것입니다.

하나님은 말씀하셨습니다. "사도 바울은 그들을 멍청이라고 부르지 않았다. 바울은 그들이 타락했다고 하지 않았다. 그는 그들을 육신적이라고 했다. 그리고 그들은 갓난 아이와 같다고 했다. 아이들이 울 때 머리를 때려서 그들이 성장하게 할 수는 없다. 그들에게 먹여야 한다. 그들 안에서 무엇을 빼내려고 하는 대신 무엇인가를 넣어 주어야만 그들이 성장할 수 있다. 그들 안에서 아무 것도 빼내지 말아라. 그들에겐 무엇인가를 넣어 주어야 한다."

"너는 J. W.를 기억하고 있느냐?"라고 그분은 내게 물어 보셨습니다.

나는 기억하지 못했습니다.

"터피(Tuffy: 억센 사람을 뜻함, 역자 주)를 기억하느냐?" 하고 그분은 다시 물으셨습니다.

그것은 우리가 그를 부를 때 쓰던 이름입니다. 터피, 그것은 오히려 약하게 표현한 것입니다. 터피라는 말은 그를 표현하기에 충분히 강한 말이 아니었습니다. 그러나 하나님께서 그 말을 하실 때까지도, 너무 오래된 일이라 나는 잘 기억할 수 없었습니다.

그러자 주님은 그의 이름 전부를 내게 말하여 주셨습니다. 그리고 주님이 그의 이름 전부를 말해주신 후에야 나는 "오, 네, 기억납니다"라고 말했습니다.

주님은 그날 나의 기억을 새롭게 해주셨습니다. 그리고 그것으로 나는 다른 사람을 도와 줄 수 있게 되었습니다.

터피의 어머니는 그가 어렸을 때 돌아가셨습니다. 그의 아버지는 텍사스의 웨이코에서 데니슨 까지를 왕래하는 오래된 기관차 운전수로 집을 많이 비우곤 했습니다. 그래서 터피는 주로 혼자 남겨지곤 했습니다. 그는 뒷골목에서 혼자 뛰어 놀았으며 좋지 않은 친구들을 사귀게 되었습니다.

내가 5학년이 되었을 때 그는 8학년이 되었어야 했는데도 그냥 5학년에 머물러 있었습니다. 그리고 그의 성적은 모든 과목이 다 'D' 였습니다 – 그 당시 'D' 란 가장 낮은 성적이었습니다. 그는 문제를 많이 일으켰으며 나는 교장 선생님이 우리 할아버지에게 하는 말을 옆에서 들은 적이 있습니다.

교장 선생님이 물어보았습니다. "당신은 터피를 어떻게 할 작정이십니까? 판사가 내게 다시 전화를 했는데 그를 소년원에 보내려고 한답니다. 판사는 그 아이에게 어머니가 없다는 이유로 우리가 너무 관대했다고 합니다."

나는 할아버지가 하는 말을 들었습니다. "맥 선생님, 내가 말하는 대로 당신이 한다면 우리는 터피를 건전한 사람으로 만들 수 있습니다. 우리가 그를 사회에 필요한 일원으로 만들어 낼 수가 있다는 말입니다."

교장 선생님이 말했습니다. "판사가 제게 한 달의 기간을 주겠다고, 내 재량대로 하랍니다."

할아버지는 말했습니다. "석 달만 달라고 하세요."

교장 선생님은 그렇게 하기로 하고 석 달을 달라고 전화했습니다.

"당신은 그가 내 주위만 맴도는 것을 주의하여 보셨나요?" 할아버지가 물었습니다. "그는 지금 거의 나하고만 지내다시피 합니다."

"네, 나도 그런 눈치를 챘습니다." 맥 선생님이 대답했습니다.

"그것은 유일하게 나만 그에게 무엇인가를 넣어주고 있기 때문입니다. 나는 그에게 '너를 믿는다' 라고 말합니다. '나는 너를 신뢰한다' 라고 말합니다. 다른 모든 사람들은 그가 몹쓸 놈이라고 이야기합니다. 다른 사람들은 모두 '너는 소년원에 갈거야' 라고 말합니다. 다른 사람들은 모두 그가 결코 제대로 될 수 없다고 말합니다. 그는 놀이터에 가서 아이들과 어울려 놀지도 않습니다. 그는 나만을 좇아 다닙니다. 우선 무엇보다도 더 이상 그를 때리지 마십시오."

맥 선생님은 매일 하루에 한번 내지 세 번씩 그를 때렸습니다. 때로는 아이들을 때리는 것도 필요합니다. 그러나 어떤 경우엔 때리는 것이 아무 소용도 없습니다. 그가 매를 맞는 소리가 학교 어디서고 들릴 정도였지만 터피는 웃으면서 교실로 돌아오곤 했습니다.

할아버지는 교장 선생님께 말했습니다. "나는 그가 당신의 책상 서랍에서 돈을 훔치는 것을 당신의 사무실 화장실에서 보았습니다."

그 학교에서는 점심시간에 아이들에게 사탕을 팔아 그 돈으로 아이들의 놀이터 기구들을 샀습니다. 그런데 누군가 그 돈을 훔친 것입니다. 할아버지가 거기서 돈을 훔치는 것을 보았던 것입니다. 그리고 그것은 터피였습니다.

할아버지는 말했습니다. "우리는 그에게 자신감을 심어 주어야 합니다. 공부 시간에 그를 불러서 말하십시오. 'J. W. 나는 다른 아이보다 나이가 많은 네가 내 사무실을 지켜 주면 좋겠다. 누가 돈을 훔쳤단다.' 그리고 돈이 어디 있는지 가르쳐 주시고 보여 주십시오. 또 한 푼이라도 없어지면 내가 보상하겠습니다."

그들이 이런 대화를 한 후 점심 때 우리는 다시 교실로 갔습니다. 첫 시간에 맥 교장 선생님이 오셔서 터피를 불러냈습니다. 우리는 모두 킬킬대고 웃었습니다. 그들은 터피가 또 매를 맞을 것이라고 생각했습니다. 그들은 매 맞는 소리를 들으려고 귀를 기울였습니다. 그러나 그는 돌아오지 않았습니다. 그들은 이상하게 생각했습니다. 그러나 나는 무슨 일이 일어나고 있는지 알고 있었습니다.

교장 선생님이 그에게 말씀 하셨습니다. "자, J. W.(그의 정식 이름의 약자), 너는 내 사무실을 지켜라. 우리는 좀 나이든 사람이 여기 필요하단다." 그리고 그는 서랍을 열어서 돈을 보여 주었습니다. "여기 돈이 있다. 누군가가 들어와서 돈을 훔쳐 갔단다." 물론 그것은 그가 한 짓이었습니다.

주님은 나로 하여금 그의 점수가 곧 올라갔던 것을 기억나게 하셨습니다. 사실 그는 그 후 공부를 너무 잘해서 학교에서 월반을 시킬 정도였습니다. 그는 소년원에 가지 않았습니다.

그는 감옥에도 가지 않았습니다. 그는 자라서 훌륭한 시민이 되었습니다.

그날 주님은 내게 영적 성장에서 유아기, 유년기 그리고 장년기를 보여주셨습니다.

주님은 내게 말씀하셨습니다. "영적인 성장은 어떤 면에서 자연적 성장과 비슷하다. 바울은 이 사람들에게서 무엇인가를 그냥 꺼내지를 않았다. 그는 그들을 부드럽게 꾸짖으며 그들이 어디에서 잘못되었는지를 보여 주었다. 그는 그들에게서 아무 것도 빼내지는 않았다. 그는 그들이 가지고 있는 것을 칭찬해주었고 그러면서 그 위에 더 있다는 것을 보여 주었다. '가라, 가서 취하라. 이것은 너희 것이다!' 라고 말하며 용기를 주었다."

"그리스도인들을 더 이상 때리지 말아라. 그들의 머리를 더 이상 때리지 말아라. 그들에게 먹여 주어라. 그들에게 주어야 할 것을 찾아라. 다른 교회와 다른 믿는 자들과 다투지 말아라"라고 주님은 내게 말씀하셨습니다.

"사람들로부터 어떤 것이라도 빼내지 말아라. 그들에게 무엇이든지 주어라. 그들 안에 무엇인가를 넣어 주어라."

그날이 내 사역을 변화시켰습니다. 나는 주님이 말씀하신 것을 시행하기 시작했습니다. 그리고 그것은 잘 역사했습니다.

사도 바울이 그들에게 그 장 마지막 절에서 한 말을 다시 살펴봅시다. "…누구든지 사람을 자랑하지 말라 모든 것이 너희 것이요…"

사도 바울이여, 이 갓난 아이 그리스도인들, 육신적인 그리스도인들, 그저 그렇게 사는 이 사람들에게도 모든 것이 그들 것이란 말씀입니까?

그렇습니다. 이것은 모두 그들에게 속한 것입니다. 그들이 그것을 아는 지식에 아직 도달하지는 못했을지도 모르지만 그것은 그들에게 속한 것입니다. 그들이 그것을 감사하고 사용할 만한 단계에 이르지 않았을지라도 그것은 그들에게 속한 것입니다.

"…바울이나 아볼로나 게바나 세계나 생명이나 사망이나 지금 것이나 장래 것이나 다 너희의 것이요(그는 그들로부터 아무 것도 빼앗지 않고 오히려 이것은 다 너희의 것이라고 말합니다.) 너희는 그리스도의 것이요 그리스도는 하나님의 것이니라"(고전 3:21-23).

## 제 11 장
# 영적인 사람
(The Spiritual Man)

> 형제들아 내가 신령한 자들을 대함과 같이 너희에게 말할 수 없어서 육신에 속한 자 곧 그리스도 안에서 어린 아이들을 대함과 같이 하노라
>
> (고전 3:1)

다시 말하면 바울은 "나는 너희에게 영적인 사람들에게 하듯이 말할 수 없다"라고 말합니다. 이것은 슬픈 일이 아닙니까?

그러면 누가 이 영적인 사람입니까? 그의 특징은 무엇입니까?

엡 1:3
찬송하리로다 하나님 곧 우리 주 예수 그리스도의 아버지께서 그리스도 안에서 하늘에 속한 모든 신령한 복을 우리에게 주시되

영적인 사람이란 그리스도 예수 안에서 그에게 속한 것이 무엇인지 알고 사용하는 사람입니다.

영적인 사람은 깊은 물에서 그 물을 마시는 사람입니다.

그는 규칙적으로 주님의 상에서 먹는 사람입니다.

영적인 사람은 하나님의 사랑, 그 사랑 속에 잠겨 있는 사람입니다.

## 아버지를 아는 것(Knowing the Father)

이 사람은 아버지를 현실적으로 알게 된 사람입니다.

내 인생에는 예수님을 알고 성령으로 충만함을 받고 수년간 설교를 하며 여러 가지 성령의 은사가 활동하던 시절이 있었습니다 – 그러나 어찌된 일인지 내 속에서는 하나님 아버지가 내 육신의 아버지보다 더 확실해 질 수 있다는 것을 알고 있었습니다. 말씀에는 그분이 나의 아버지라고 했습니다. 그분이 내 아내나 내 아이들보다도 더 확실해 질 수 있다는 것을 나는 영으로 알았습니다. (부흥회를 인도하려고 가고 있는 고속도로에서 하나님이 내가 운전하던 이 차보다도 내게 더 실제적이 될 수 있다는 것을 내 심령 속에 알았으므로 큰 소리로 그 사실을 말하기도 했습니다. 그러나 그때까지 하나님은 내게 그렇게 실제적이지 않았다는 것도 알았습니다.)

하루 저녁에 된 일이 아니었습니다. 한 달 만에 된 일이 아니었습니다. 일년 만에 된 일이 아니었습니다. 그러나 내가 성경이 말하는 대로 말씀과 기도를 통하여 아버지와 계속 교제하는 동안 조금씩 조금씩 그분은 나에게 더욱 더 확실하게 다가왔습니다.

그러던 어느 날 나는 이렇게 말할 수 있었습니다. "하나님은 나에게 더욱 확실하고 내가 아내를 아는 것보다 나는 하나님을 더 잘 압니다. 나는 나의 아내보다 나의 하나님을 더 개인적으로 잘 압니다. 하나님은 나의 아이들보다도 내게 더 확실합니다. 하나님은 내가 운전하는 자동차보다도 내게 더욱 실제적이 되었습니다. (솔직히 말하면, 그렇게 많은 사람들이 이렇게 말할 수는 없습니다. 왜냐하면 그들에겐 자연적인 것들이 영적인 것보다 훨씬 더 확실하기 때문입니다.) 나는 깨어 있는 순간순간 마다 그리고 밤에 잠에서 깼을 때도 그의 임재를 의식하곤 했습니다 – 내 아내의 존재보다도 그의 임재를 더욱 확실하게 의식할 수 있었습니다.

## 아들을 아는 것(Knowing the Son)

영적인 사람은 아버지의 오른편에서 예수 그리스도께서 하시는 이 위대한 사역에 대하여 알게 됩니다. 모든 거듭난 신자들이 예수 그리스도를 구세주로 알고 있습니다. 그러나 거듭났다고 다 성장한 것은 아닙니다. 그분을 구세주로 아는 것만으로는 갓난 아이 상태를 벗어날 수 없습니다. 믿는 자는 성장하기 위해서 그리스도 안에 자기가 어떤 사람인지, 그 안에 그리스도가 어떤 분인지 알아야 합니다. 우리는 현재 아버지 오른편에서 하고 계시는 주 예수 그리스도의 사역을 아는 것에 도달해야 합니다.

예수님께서 오늘날 하고 계신 사역을 아는 일은 무엇보다도 나의 영적 성장에 도움이 되었습니다. 우리는 성장하여, 오늘날 그의 대제사장(히 4:14-16)으로서의 사역, 보혜사(요일 2:1)로서의 사역, 중보자(롬 8:34, 히 7:25)로서의 사역, 그리고 목자(시 23:1, 요 10:14)로서의 사역, 그리고 주님으로서의 사역을 아는데 자라가야 합니다!

우리가 이런 것들을 듣고 배웠다고 우리가 그 실체 안에서 행한다고는 할 수 없습니다. 우리는 이런 것들에 대하여 말씀을 먹고 진리를 깨달아 하나님의 아들의 온전한 지식에 이르러 장성한 사람으로 자라가야 합니다.

## 성령을 아는 것(Knowing the Holy Ghost)

영적인 사람은 말씀에서 보여주는 대로 성령님과의 축복된 친밀감을 아는 사람입니다. 당신이 성령으로 세례를 받고 방언을 한다 해도 이것을 전혀 모를 수도 있습니다.

그것은 슬픈 일입니다. 성령 세례가 정확한 방법으로 전달되지 못했습니다. 사람들은 "나는 성령 세례를 받았으니까" 그것이 끝이라고 생각합니다. 그러나 그렇지 않습니다. 그것은 단지 시작일 뿐입니다. 그리고 잘못된 생각 때문에 그들은 성령님을 친밀하게 알지 못하고 성장하지 못하게 된 것입니다.

그들은 영적인 갓난 아이로 성령의 충만함을 받고 방언을 말하며 외적인 성령의 나타나심에만 전념했습니다. 물론 나는 방언을 말하는 것을 믿습니다. 하나님께 감사합니다. 그러나 여러분들은 그들 자신이 어떻게 '느꼈다' 는 것과 또 다시 그렇게 '느끼려고' 노력하는 것에 대해서 들었을 것입니다.

(나는 어떻게 '느끼는' 것엔 조금도 관심이 없습니다. 나는 결코 느낌에 근거를 두지 않습니다. 나는 말씀에 모든 것을 근거합니다.)

그리고 그들이 가졌던 그 '느낌' 을 잃어버리면 그들은 하나님이 떠났다고 생각합니다. 그러나 하나님은 떠나지 않습니다. 예수님이 "내가 아버지께 구하겠으니 그가 또 다른 보혜사를 너희에게 주사 영원토록 너희와 함께 있게 하리니"라고 말씀하셨습니다(요 14:16). 예수님은 성령님이 2주일만 머물 것이라고 말씀하지 않았습니다. 예수님은 성령님이 휴가로 오시는 것이라고 하지 않았습니다. 예수님은 성령님이 오셔서 "영원토록 너희와 함께 있으리라"라고 하셨습니다.

어떤 사람이 내게 말했습니다. "해긴 목사님, 당신은 사람이 죄를 지으면 성령이 떠난다고 믿지 않으십니까?"

그렇지 않습니다. 만일 성령님이 영원히 떠났다면 그는 영원한 파멸과 저주를 받은 것입니다. 그는 다시 하나님께 돌아갈 수 없습니다. 성령님은 그저 왔다 갔다 하시는 분이 아닙니다. 성경에 한 구절도 그렇게 말하는 곳이 없습니다. 다윗이 밧세바와 간음을 하고 그 남편을 죽게 한 후 회개하는 기도에서 "주의 성신을 내게서 거두지 마소서"라고 말합니다(시 51:11). 만일 성령님이 그를 떠났다면 그는 결코 회개할 수 없습니다. 그는 결코 기도할 수 없습니다. 그는 결코 다시 돌아올 수 없습니다.

그리고 만일 성령님이 떠났다면 그것은 완전한 종말을 의미합니다. 성령님은 거기 아직 계셔서 당신을 회개하게 하시는 것입니다. 당신이 죄를 짓고 실수를 했다 해도 성령님은 아직 계십니다 - 왜냐하면 그분은 하나님을 대표하시기 때문입니다 - 그분은 당신에게 빠져나오는 길을 보여주시고 다시 돌아갈 길을 보여주시기 위해서 계십니다.

나는 내가 죄를 짓고 실수를 할 때, 내 안에 계시는 성령님이 나를 정죄하는 것이 아니라 나의 영이 정죄한다는 것을 알았습니다. 예수님은 그가 세상을 정죄하려고 오신 것이 아니라 세상이 그를 통하여 구원을 얻게 하려고 오셨다고 했습니다(요 3:17).

나는 성령님이 하나님의 말씀을 가지고 내게 열어 보여주시고 예수님의 오늘날 사역을 보여 주시기 위해 계시다는 것을 발견했습니다. 내가 잘못했을 때, 나는 너무 부끄럽고 내 모든 것으로 내 존재를 증오했지만 그분은 부드럽고 사랑스럽게 나를 인도하시고 빠져나올 길과 돌아가는 길을 보여 주셨습니다.

## 내재하시는 분으로 (⋯ as Indweller)

> 요일 4:4
> 자녀들아 너희는 하나님께 속하였고 또 그들을 이기었나니 이는 너희 안에 계신 이가 세상에 있는 자보다 크심이라

우리는 내재하시는 성령님의 임재를 의식해야 하며 이에 대한 말씀의 빛 가운데로 걸어가는 것을 배워야 하겠습니다. 그러면 위기의 시간이 올 때 우리는 조용하고 침착할 것입니다. 왜냐하면 우리는 성경이 가르치고 있는 것은 무엇이든 보이는 것과는 상관이 없이 그대로 이루어지는 것을 알기 때문입니다.

만일 당신이 '세상에 있는 것보다 더 크신 분이 당신 안에 계심'을 알고 있다면 위기가 올 때 머리가 잘려진 닭처럼 여기저기 뛰어 다니며 도움을 구할 필요가 없습니다. 당신은 도움을 받을 수 있다는 것을 알 것입니다. 당신은 그분이 당신 안에 계신 것을 알 것입니다. 더 크신 분이 우리 안에 있습니다. 당신은 그분과 친밀한 교제를 가지고 행하면 그분은 어떻게 해야 할지를 가르쳐 주실 것입니다.

인생의 어려운 위기마다 그분은 내게 정확히 어떻게 해야 하는지를 가르쳐 주셨습니다. 내 안에서 그분이 일어나셔서 나의 마음에 빛을 비추시고 내 영에게 방향을 제시해 주셨습니다. 그러나 만일 당신이 그분을 잘 알지 못한다면 당신이 성령님의 인도를 알아차릴 수 없기 때문에 그분은 당신을 도와줄 수 없게 됩니다.

당신이 거듭나서 성령 충만을 받았다면 당신은 위기를 넘길 만한 모든 필요한 것들을 당신 안에 갖고 있는 것입니다. 예수님은 "내가 아버지께 구하겠으니 그가 또 다른 보혜사를 너희에게 주사 영원토록 너희와 함께 있게 하리니"라고 말씀하십니다(요 14:16). 보혜사로 번역된 헬라어 원어는 – 확대번역본에서는 이렇게 번역하고 있습니다 – 상담자, 돕는 자, 중보자, 변호사, 힘주시는 이 그리고 곁에 계신 분입니다. 여러분에게 무엇이 더 필요하십니까?

말씀을 통해서 성령님을 가깝게 알아 가십시오. 말씀을 통해 성령님에 대해 알게 되면 그분이 무엇을 하실 것인지도 알게 될 것입니다. 당신은 성령님께서 그분 자신을 어떻게 나타내실지 알게 되고 당신이 어떻게 그분에게 순종해야 할지도 알게 될 것입니다. 당신은 성령님과 동행하는 법을 알게 될 것입니다. 그리고 당신은 영적으로 성장할 것입니다.

## 선생으로 (··· as Teacher)

여기에는 성령님께서 하나님의 더 깊은 것을 알도록 초대하는, 귀하고 축복된 초대가 있습니다.

> 고전 2:12
> 우리가 세상의 영을 받지 아니하고 오직 하나님으로부터 온 영을 받았으니 이는 우리로 하여금 하나님께서 우리에게 은혜로 주신 것들을 알게 하심이라

우리는 세상의 영을 받지 않았습니다. – 우리는 하나님의 영으로부터 성령님을 받았습니다. 왜 성령님을 받았을까요? 성령님을 받은 목적이 무엇일까요? 우리가 무엇인가 깨닫게

하기 위해서입니다.

예수님은 성령님에 대하여 이렇게 말씀하셨습니다. "그가 너희들을 가르칠 것이다. 그가 너희를 모든 진리로 이끌 것이다. 그가 장래 일을 너희에게 이를 것이다. 그가 나의 것을 받아서 너희들에게 보여 줄 것이다."

에베소서 1장 3절에서 바울이 '우리에게 값없이 주신 것들'이라고 말하고 있습니다. "… 그리스도 안에서 하늘에 속한 모든 신령한 복으로 우리에게 복주시되" 바로 이런 것들입니다:

고전 2:13
우리가 이것을 말하거니와 사람의 지혜가 가르친 말로 아니하고
오직 성령께서 가르치신 것으로 하니 영적인 일은 영적인 것으로
분별하느니라

사도 바울이 이 장에서 "그러나 우리가 온전한 자들(성숙한 자 – 유아기 그리스도인은 알 수 없음)중에서 지혜를 말하노니 이는 이 세상의 지혜가 아니요 또 이 세상의 없어질 관원의 지혜도 아니요"라고 먼저 말한 것을 주의해서 보십시오(13절). 다른 번역본은 "이 세상의 왕좌를 잃은 권세의 대한 것이 아니라"고 말합니다. 그것은 그가 우리를 위하여 하신 모든 일 속에 포함되어 있습니다.

예수님은 – 그의 죽으심, 장사 지냄과 부활 안에서 – 아담이 이 세상의 모든 권세를 팔아먹은 그때로부터 지금까지 이 땅의 권세를 잡아 다스리던 마귀와 모든 영적 권세자들의 왕

권을 빼앗았습니다. 아담은 이 세상의 신이었습니다. 하나님은 그분의 손으로 만드신 모든 것을 다스리는 권세를 그에게 주셨습니다. 그러나 아담은 대 반역죄를 지었고 마귀에게 그것을 팔았습니다. 그래서 마귀가 이 세상의 신이 된 것입니다 (고후 4:4).

에베소서 6장 12절에서 "우리의 씨름은 혈과 육을 상대하는 것이 아니요 통치자들과 권세들과 이 어둠의 세상 주관자들과 하늘에 있는 악의 영들을 상대함이라"고 말하고 있습니다.

예수님께서 그들을 폐위시키셨습니다. 하나님께서 계획하시고 예수님을 보내셔서 완성시킨 그의 놀라운 속량 계획으로 이들의 모든 권세가 다 폐위되었습니다. 그들은 더 이상 우리를 지배할 수 없고 오히려 우리가 예수님의 이름으로 그들을 다스릴 수 있습니다.

"사람의 지혜의 가르친 말로 아니하고 오직 성령의 가르치신 것으로 하니 신령한 일은 신령한 것으로 분별하느니라" (고전 2:13). 지혜는 영적인 일을 깨달아 가는 것입니다. 당신은 자연적인 것으로는 당신을 구원하기 위해서 예수님이 마귀를 멸했다는 지식을 얻을 수 없습니다. 당신은 그렇게 하신 예수님을 볼 수 없었습니다. 제자들은 예수님이 갈보리에서 돌아가시는 것을 보았지만 왜 예수님이 죽으셨는지는 알지 못했습니다. 예수님께서는 그들과 함께 있을 때 그들에게 그것에 대해 말해 주려고 했지만 그들은 왜 예수님이 그때 죽으셔야 했는지 몰랐습니다. 예수님이 나타나셨을 때 그들은 "주님, 이번에는 이스라엘 왕국을 회복하시겠습니까?"라고 물었습니다. 성령님이 오셔서 그들을 가르치실 때에야 비로소 그들은 구원 계획과 하나님이 그들의 속량을 위하여 무엇을 하셨는지 이해할 수 있었습니다. 이것은 그들의 자연적인 눈으로는 볼 수 없는 것들입니다. 자연적인 사람들은 절대로 이해할 수 없습니다. 영적인 것들은 하나님의 영의 도움과 능력으로만 알게 됩니다.

## 영적인 사람의 유산(His Inheritance)

영적인 사람은 자신에게 주어진 유산에 대해서 압니다.

> 골 1:12-14
> 12 우리로 하여금 빛 가운데서 성도의 기업의 부분을 얻기에 합당하게 하신 아버지께 감사하게 하시기를 원하노라
> 13 그가 우리를 흑암의 권세에서 건져내사 그의 사랑의 아들의 나라로 옮기셨으니
> 14 그 아들 안에서 우리가 속량 곧 죄 사함을 얻었도다

다른 번역본은 "우리들에게 능력을 주신 아버지께 감사하리로다…"라고 썼습니다. 만일 하나님께서 '합당하게' 만드셨다고 말씀하신 것이라면 하나님은 우리에게 그 능력을 주신 것입니다. 무엇을 하라고 그 능력을 주셨을까요? 빛 가운데 있는 성도들의 기업을 누리게 하려고 주신 것입니다!

영적인 사람은 빛 가운데서 그의 유산이 무엇인지 압니다 - 하나님의 말씀이 비추어 그것을 그에게 보여 줄 것이기 때문입니다. 그는 그의 능력으로 그것을 충분히 누릴 수 있다는 것을 압니다.

## 영적인 사람의 능력(His Ability)

하나님은 우리에게 하나님의 능력을 주셨습니다. 하나님은 우리의 능력입니다. 그 능력은 우리에게 속한 하나님의 은혜의 보물들을 보여 주심으로 나타납니다.

어떤 분야에선 우리의 생각이 너무 모자라서 하나님의 축복을 도적질 당했습니다. 예를 들어 우리는 "오직 성령이 너희에게 임하시면 너희가 권능을 받고 예루살렘과 온 유대와 사마리아와 땅 끝 까지 이르러 내 증인이 되리라 하시니라"라고 하신 사도행전 1장 8절을 인용해 왔습니다. 더 연구하지도 않고, '권능'이라는 단어의 분명한 뜻도 잘 모르면서 '권능'이라는 단어를 강조합니다.

내가 성령 세례를 받고 방언으로 말하기 시작하였을 때 나는 지역 교회에서 목회를 하고 있었습니다. 순복음 교인들이 이 '권능'에 대하여 이야기를 하는 것을 듣고 나는 그 권능이라는 것이 어떤 놀랄만한 육신적 감정적 경험이라고 생각했습니다. 그러나 내가 한 것은 방언을 말하는 것뿐이었습니다. (그러나 내가 사도행전을 읽을 때 사도들이 한 것도 방언뿐이었다는 것을 발견했습니다. 만일 다른 것들이 중요했다면 성경은 그것들에 대해서도 언급했을 것입니다.) 그리고 나는 한 시간 반 동안 방언으로 기도하고 찬송을 세 곡이나 방언으로 불렀습니다 – 나는 방언을 하면서 내 마음 속으로 이렇게 말했습니다. "오, 나는 혼자서 기도할 때에도 이보다 더 큰 은혜를 받지 않았는가?"

성령을 받는 것은 은혜를 받는 것이 아닙니다. 당신은 은혜를 그 이전에도 받을 수 있고 그 이후에도 받을 수 있습니다. 이것은 신성한 인격이 당신 안으로 들어오셔서 당신의 영에 거하시는 것입니다!

나는 그것을 몰랐습니다. 나는 흔들어 보기도 하고 만져도 보기도 하면서 생각했습니다. "오, 내게 이전보다 더 큰 권능이 있는 것 같지는 않은데."

그러므로 나는 다시 교회로 돌아가서 그것에 대해 아무 말도 하지 않았습니다. 설교하는 것도 그전과 다를 바가 없는 것 같았지만 회중들은 나에게 "당신은 전과 다릅니다"라고 말하기 시작하였습니다.

나는 말했습니다. "무엇이 다른가요?"

"그전보다는 능력이 더 있는 것 같아요. 말씀에 더 박력이 있습니다."

나는 사도행전 1장 8절에 '권능'이라는 단어를 사전에서 찾아보았습니다. 그리고 나는 '권능'이라고 번역된 헬라어 원어에는 '능력'이라는 뜻이 있다는 것을 알았습니다.

우리 회중들은 나의 설교가 그전보다 능력이 있다는 것을 볼 수 있었습니다. 나는 내 마음을 '권능'이라는 단어에 너무 집착했던 것입니다. 하나님은 우리가 능력을 받을 것이라고 말씀하신 것입니다. 증거할 수 있는 능력. 우리는 권능을 찾느라고 능력을 놓쳤던 것입니다.

요한은 이것을 기름바름(unction)이라고 불렀습니다. 또 그는 이것을 기름부음(anointing)이라고 불렀습니다. 그리고 그는 기름부음이 우리 안에 있다고 했습니다. 당신이 하나님의 능력이 우리 안에 있다는 것을 알 때 그가 '당신 안에 있는 이가 더 크시다'라고 한 말을 이해 할 수 있습니다.

당신이 만일 이것을 안다면 어려움을 만날 때 당신은 기도로 그 권능을 끌어 올리거나 끌어 내리기 위해 애쓰기 보다는 그냥 하나님께 의지할 수 있습니다. 당신은 그냥 하나님께 기대며 웃을 수 있습니다. 당신은 당신 안에 더 크신 이가 계신 것을 알기 때문에 그 고난을 통과하는 내내 큰 소리로 외칠 수 있습니다. 그가 당신을 승리로 이끌 수 있습니다. 그가 당신을 성공하게 만들 수 있습니다. 그는 그 고난에서 당신을 끌어 낼 수 있습니다.

영적인 사람은 이것을 알 수 있습니다. 그러나 갓난 아이는 이것을 알지 못합니다. 갓난 아이는 그가 경험을 했다는 것만을 압니다.

하나님은 우리를 만나 주시고, 하나님은 우리에게 능력을 주십니다. 그 능력은 성령님의 채우심(infilling of the Holy

Ghost)과 같이 오는 것입니다. 그렇습니다. 그것은 증거할 수 있는 능력입니다. 그러나 그것이 다가 아닙니다. 그분은 우리에게 유산을 누릴 수 있는 능력도 주셨습니다.

구원과 속량은 우리의 유산입니다(골 1:13, 14). 우리는 사탄의 권세로부터 구속받았습니다. 사탄은 당신에게나 나에게, 혹은 교회를 향해 더 이상의 권세가 없습니다. 사탄이 더 이상 가질 수 없게 합시다. 우리는 그의 권능이나 권세로부터 구원받았고 하나님의 사랑하는 아들의 나라로 옮겨졌습니다(13절).

## 말씀에 의해 다스려짐(Governed by the Word)

당신은 하나님의 보호와 돌보심 안으로 들어왔습니다. 당신은 하늘의 떡을 먹을 수 있는 자리에 들어 온 것입니다. 하나님의 말씀은 떡입니다. 예수님은 "사람이 떡으로만 살 것이 아니요 하나님의 입으로 나오는 모든 말씀으로 살 것이라 하였느니라"라고 말씀하셨습니다. 천국의 만나는 하나님의 말씀입니다. 당신이 이 말씀을 먹으면 당신은 하나님의 아들의 형상까지 영적으로 성장할 것입니다.

그리고 그것은 당신이 성장할 수 있는 유일한 방법입니다. 기도가 중요합니다만 기도만으로는 성장할 수 없습니다. 금식도 중요하긴 하지만 금식함으로써 그곳에 이를 수는 없습니다. 자기를 부인하는 것이 그리스도인의 삶에 매우 중요하지만 자기 부인으로도 그곳에 갈 수 없습니다. 경험이라는 것이 그리스도인의 삶에 매우 중요하지만 - 그리고 경험하게 하신 하나님께 감사합니다만 - 그러나 당신이 놀라운 경험과 놀라운 환상과 계시를 많이 가지고 있다해도 그것으로 그곳에 갈 수는 없습니다. 영적인 은사로도 갈 수 없습니다. 모든 것들은 각자의 자리와 목적이 있는 것이 분명합니다. 그러나 성경은 어떻게 그곳에 갈수 있는지를 분명하게 말해 주고 있습니다. 이것은 말씀에 대한 지식으로 갈 수 있습니다.

영적인 사람은 하나님의 말씀이 그의 마음이나 그의 몸에 지배권을 가진 사람입니다. 이것은 우리로 하여금 하나님의 뜻과 조화를 이루게 합니다. 왜냐하면 하나님의 말씀은 하나님의 뜻이기 때문입니다.

# 제 5 부

## 제 12 장
## 올바른 식이 요법
(The Right Diet)

당신이 성장하려면 올바른 식이요법을 해야 합니다.

올바른 식이요법은 무엇일까요?

물론, 하나님의 말씀 전부입니다. 그러나 특별히 신약 성경입니다. 왜냐하면 우리는 옛 언약이 아니라 새로운 언약아래 살고 있기 때문입니다. 옛날에 이야기한 것들은 우리들에게 적용되지 않는 것도 있습니다. 많은 원칙들은 적용이 되지만 그렇지 않은 것도 있습니다. 그것들은 유대인들에게 적용되는 것입니다.

신약의 어떤 부분들은 특별히 당신의 유익을 위해서 쓰여진 것입니다. (다른 것들, 말하자면 복음서들은 그리스도인과 믿는 자 뿐만이 아니라 세상과 죄인들을 위한 것이기도 합니다.) 교회를 위해 특별히 쓰여진 서신서들도 있습니다. 주로 서신서를 많이 읽으십시오.

아무도 나에게 그렇게 말해 주지는 않았지만 나는 15세에 거듭나던 병상에서 무의식적으로 순종하였고 하나님의 영의 인도함을 받았습니다. 병상에서 처음 내가 성경을 가지고 볼 수 있었을 때, 성경을 보니 '구약'과 '신약'이라고 써 있었습니다. 나는 신약은 구약을 새롭게 한 것일 거라고 혼자 생각하였습니다. 그래서 나는 마태복음부터 읽기 시작했습니다.

결국은 서신서들, 바울이 로마에 쓴 편지와 고린도에 쓴 편지로부터 베드로와 요한의 편지들이 교회에 쓰여진 것을 알게 되었습니다. 그래서 수년 동안 나는 나의 말씀 공부시간의 90%를 여기에 할애했습니다. 이것은 내가 했어야 할 식이요법이었습니다. 이것은 나에게 쓰여진 말씀이었습니다. 거기에는 다른 곳에서 찾을 수 없는 것들이 있었습니다. 바울은 분명하게 이 계시들의 신비가 '이제' 나타난다고 말했습니다(롬 16:25, 26).

당신의 식이요법을 주로 서신서들과 교회들에게 쓴 편지들로 하시기 바랍니다. 특별히 고린도전서 13장과 요한 일서를 읽으십시오.

확대번역본의 고린도전서 13장을 구하여 조심스럽게 잘 읽어 보십시오. 이것은 사랑이라는 이름이 뜻하는 바를 알게 해 줄 것입니다 - 중요한 구절들을 확대해 주어서 당신으로 하여금 더 잘 이해하도록 도와 줄 것입니다.

요한 일서의 모든 장을 많이 먹으십시오.

당신은 이 두 책에서 - 고린도전서 13장과 요한일서 - 위대한 사랑이 보여지고 나타나지는 것을 볼 것입니다. 요한은 계속해서 다시 설명합니다.

> 요일 3:14
> 우리가 형제를 사랑함으로 사망에서 옮겨 생명으로 들어간 줄을 알거니와 사랑치 아니하는 자는 사망에 거하느니라

> 요일 3:17
> 누가 이 세상 재물을 가지고 형제의 궁핍함을 보고도 도와줄 마음을 막으면 하나님의 사랑이 어찌 그 속에 거할까 보냐

> 요일 2:5
> 누구든지 그의 말씀을 지키는 자는 하나님의 사랑이 참으로 그 속에서 온전케 되었나니 이로써 우리가 저안에 있는 줄을 아노라

> 요일 4:18
> 사랑 안에 두려움이 없고 온전한 사랑이 두려움을 내어쫓나니 두려움에는 형벌이 있음이라 두려워하는 자는 사랑 안에서 온전히 이루지 못 하였느니라

이것들은 그곳에 있는 많은 서술 가운데서 뽑은 몇 문장입니다.

하나님의 본성은 사랑이십니다. 당신은 그분의 자녀로, 그분의 사랑의 본성이 당신 안에 있습니다. 그러나 그 본성은 먹여져야 성장할 수 있습니다. 이것이 먹여지지 않으면 당신의 삶에서 이 본성이 성장하고 발전되지 않을 것입니다.

나는 모든 믿는 자들이 고린도전서 13장과 요한일서 속에 들어가 살 수 있다면 얼마 지나지 않아서 그들은 너무 변화되어서 자기 자신을 꼬집어보며 "이게 정말 나야?"라고 반문하게 될 것을 확신합니다.

얼마 지나지 않아서 그들의 가정도 너무 변화되어 놀라게 될 것입니다. 고린도전서 13장의 한 구절은 "사랑은 자신의 유익을 구하지 않고"라고 말하고 있습니다(5절). 신생아들은 항상 자기 자신의 유익을 구합니다 - 자연적으로나 영적으로나 아기들은 언제나 "엄마, 죠니가 내 차를 가졌어요" 혹은 "매리가 내 인형을 가졌어요"라고 말하며 자기 것만 챙깁니다. 자기 것을 챙기기 위한 분쟁, 우리 가정의 다툼, 이혼들은 현대 교회가 어린 아기 상태임을 보여주고 있습니다. 사랑 안에서 행하고 사랑으로 성숙된 사람은 그런 식으로 행동하지 않습니다. 교회 안에 유아기의 상태는 오직 하나님의 말씀을 공부하고 먹고 실천함으로써만 치료될 수 있습니다.

구원의 계획을 공부하십시오. 당신이 그리스도 안에서 어떤 사람인지를 알아내십시오 - 그리고 당신 안에 계신 그리스도가 어떤 존재인지 알아내십시오. 하나님 앞에 당신이 설 수 있는 근거가 무엇인지 알아내십시오. 당신은 그리스도 안에서 하나님의 의라는 것을 발견하십시오. 그리스도께서 죽으시고 장사되시고 부활하시고 승천하셔서 하나님 우편에 앉으신 것이 당신에게 어떤 일인지 알아내십시오. 그리고 지금 현재도 예수님께서 아버지 우편에서 우리를 위해 쉬지 않고 중보기도를 하고 계신 것을 발견하십시오. 이러한 지식들이 당신을 유아기로부터 성장시켜 그리스도의 장성한 분량까지 자라게 할 것입니다.

여기 하나님께서 이 주제에 대하여 하신 말씀이 있습니다.

> 고전 4:7
> 누가 너를 남달리 구별하였느냐 네게 있는 것 중에 받지 아니한 것이 무엇이냐 네가 받았은즉 어찌하여 받지 아니한 것 같이 자랑하느냐

우리가 하나님께 받는 것은 무엇이든지 모두 은혜로 받습니다.

> 엡 4:7
> 우리 각 사람에게 그리스도의 선물의 분량대로 은혜를 주셨나니

우리 믿는 자 – 신생아로 태어나긴 했지만 – 는 우리 안에 인생의 어떤 위험도 감당할 수 있는 미리 준비된 은혜의 분량이 있습니다.

모든 믿는 자는 똑같이 새롭게 탄생하고, 같은 영생을 가지고, 같은 하나님의 사랑, 같은 은혜, 같은 성령, (우리는 탄생할 때 어느 분량만큼은 그를 압니다. 그리고 그 후에 성령의 충만케 함도 받을 수 있습니다.) 같은 영원한 중보자 예수 그리스도, 똑같은 유일한 하나님 아버지를 가지고 있습니다.

만일 이것이 모두 사실이라면 우리는 약할 필요도, 어린아이로 남아 있을 필요도 없습니다. 시간이 지나면 우리는 성장해야 마땅합니다.

에베소서 4장 13, 14절을 통해 온전히 성장한 그리스도인들을 살펴보겠습니다. "우리가 다 하나님의 아들을 믿는 것과 아는 일에 하나가 되어 온전한 사람을 이루어 그리스도의 장성한 분량이 충만한 데까지 이르리니 이는 우리가 이제부터 어린 아이가 되지 아니하여 사람의 궤술과 간사한 유혹에 빠져 모든 교훈의 풍조에 밀려 요동치 않게 하려함이라."

하나님은 당신이 육체적으로나 혹은 지적으로 어린 아이로 남아있도록 계획하시지 않은 것처럼 결코 우리가 영적으로도 갓난 아이로 남아 있도록 계획하시지 않았습니다.

갓난 아이들을 보면 우리의 마음이 끌립니다. 그들은 정말 귀엽고 예쁩니다. 그러나 그들이 20년이나 25년을 육체적으로나 지적으로 자라지 않는다면 얼마나 슬픈 일이겠습니까? 나는 그런 사람을 본 적이 있습니다 – 38세가 되었지만 아직도 아기 침대에 있었습니다. 그의 어머니는 70세에 가까웠지만 갓난 아이같이 기저귀를 채우고 갓난 아이에게 하듯 우유병을 물렸습니다. 심령이 녹아내리는 아픔입니다. 다른 자식들은 다 장성하여 결혼을 했는데 늙으신 부모님 밑에 이 아이만 집에 남아 있습니다.

그리스도인이 이렇다면 얼마나 슬픈 일입니까? 많은 사람들이 이런 상태에 있습니다. 우리가 영적으로 본다면 그들은 조금도 성장하지 않았습니다. 그들은 아직도 갓난 아이들입니다. 40살이 되어도 아직 갓난 아이입니다. 이기적이고 예민합니다. 쉽게 마음이 상하고 시기하고 질투합니다.

구원받고 성령 충만한 지가 30년이나 된 한 집사가 어린 아이처럼 울면서 목사관을 찾아왔습니다. "해긴 목사님, 목사님은 다른 사람들은 심방하면서 저는 심방하시지 않으시는군요. 나는 지난주에 아무개 형제의 집 앞에서 당신의 차를 세 번씩이나 봤습니다."

나는 말했습니다. "당신의 말이 맞습니다. 한 마디 더 하지요. 나는 앞으로도 당신을 심방하지 않을 것입니다. 당신은 지난번에 일어나 간증했습니다. '나는 지난 10월로 벌써 거듭나고 성령 충만함을 받은 지가 30년이나 되었다'라고요." 그는 30년이나 된 큰 갓난 아이였습니다.

이 남자는 내가 한 주일 전쯤 새로 구원받은 사람을 심방하는 것을 보았던 것입니다. 그는 신생아였으므로 잘못하여 실수를 저질렀습니다. 하나님은 내 심령에 말씀하셨고 나를 그곳에 보내셔서 그 남자를 다루게 하셨습니다. 그래서 그를 도와주려고 갔던 것입니다.

나는 이 집사에게 "당신의 경우는 사람들이 달려와 젖병을 물려주며 도와줄 필요가 없습니다. 당신이야말로 다른 사람들을 돌보러 다녀야 할 사람입니다"라고 말했습니다.

우리의 교회에는 갓난 아이들로 가득 차 있습니다. 그들에게서 젖병을 모두 빼앗아 버리면 우는 아이들만 남게 됩니다.

올바른 식이 요법

그들로 홀로 서게 하고 영적인 탁아소에서 나와 그들이 차지한 유아침대를 새로운 신생아들로 사용할 수 있게 하십시오. 그러나 그들은 그렇게 하기를 아주 싫어합니다.

다른 집사님 한 분은 지도자로서 교회에 모범이 되어야 할 분인데 화가 나서 교회를 나오지 않았습니다. 그의 아내는 계속 나오고 있었으므로 나는 그에게 뭔가 문제가 있다는 것을 알았습니다. (어떤 남자들은 그들의 현명한 아내들이 없었다면 참 엉망이었을 것입니다.) 나는 그를 거리에서 보았는데 나하고는 말도 잘 하지 않았습니다. 그는 굳어 있었고 냉정했으며 두꺼비 같이 잔뜩 부풀어 있었습니다.

그의 아내는 아주 상냥한 사람이었습니다. 그래서 내가 그녀에게 물어 보았습니다. "남편에게 무슨 일이 있으세요?"

그의 아내는 이렇게 대답했습니다. "그냥 뭔가 때문에 화가 나 있어요. 그는 교회에서 집에 가자마자 침대로 갔어요. 사흘 동안이나 나하고 말을 하지 않았어요. 그래서 저는 무엇 때문에 그러는지 물어 보았지요. 저는 제가 뭔가 잘못한 것이 있는 줄 알았어요. 그러나 아닙니다. 목사님 때문도 아니에요. 어떤 사람이 자기가 늘 앉던 그의 자리에 앉아 있었다고 합니다. 그는 언제나 둘째 줄 끝에서부터 둘째 자리에 앉곤 합니다. 그런데 그날은 거기에 누가 앉았더라는 거예요. 그래서 화가 나서 일어서 있었다는 것입니다. 그는 다른 자리에는 앉지도 않겠다고 합니다."

그런 사람은 집사가 되기에 합당하지 않습니다.

하나님은 그 사람이 영적인 신생아로만 있도록 계획하시지 않았습니다. 하나님은 우리가 영적으로 자라기를 원하십니다.

## 성장과 영성에 대한 권면
(Exhortations to Growth and Spirituality)

> 엡 3:20
> 우리 가운데서 역사하시는 능력대로 우리가 구하거나 생각하는 모든 것에 더 넘치도록 능히 하실 이에게

우리가 유아기의 상태나 발전이 부진한 상태로 남아 있을 필요는 전혀 없습니다. 하나님의 권세가 우리 안에서 역사하고 있습니다! 우리 안에 하나님의 능력이 작용하고 있습니다! 그러나 갓난 아이들은 그것에 순종하기 보다는 육신에 이끌려 가고 마는 것입니다.

> 빌 4:13
> 내게 능력 주시는 자 안에서 내가 모든 것을 할 수 있느니라

보십시오! 성장하지 않을 여지가 없습니다!

> 히 5:11
> 멜기세덱에 관하여는 우리가 할 말이 많으나 너희가 듣는 것이 둔하므로 설명하기 어려우니라

히브리서는 세상을 향해 쓰여진 책이 아닙니다. 이것은 그리스도인들, 즉 믿는 자들에게 쓰여진 것입니다. 믿는 자들이 조심하지 않으면 그들의 귀가 어두워져서 하나님의 말씀이 그들에게 임하지 못한다는 것입니다. 이런 것들이 그들을 갓난 아이의 상태로, 육신적인 상태로 붙잡을 수 있습니다. 다음 구절에서는 "때가 오래 되었으므로 너희가 마땅히 선생이 되었을 터인데 너희가 다시 하나님의 말씀의 초보에 대하여 누구에게서 가르침을 받아야 할 처지이니 단단한 음식은 못 먹고 젖이나 먹어야 할 자가 되었도다"라고 말하고 있습니다(히 5:12).

이것은 그들 모두가 가르치는 은사를 가지고 있다는 말이 아닙니다. 이것은 그들이 말씀을 알았고 말씀으로 양육받았으므로 다른 사람을 가르칠 수 있어야 한다는 말입니다. 모든 믿는 자들은 적어도 한 사람은 가르칠 수 있는 열망이 있어야 합니다. 그러나 당신 자신이 갓난 아이이고 아직 우유를 마시고 있다면 가르칠 수 없습니다.

> 히 5:13, 14
> 13 이는 젖을 먹는 자마다 어린 아이니 의의 말씀을 경험하지 못한 자요
> 14 단단한 음식은 장성한 자의 것이니 그들은 지각을 사용함으로 연단을 받아 선악을 분별하는 자들이니라

사도 바울은 똑같은 이야기를 디모데에게도 하고 있습니다.

딤후 3:7
항상 배우나 끝내 진리의 지식에 이를 수 없느니라

이것은 우리가 오늘날 볼 수 있는 모습이 아닐까요? 주일마다 교회에 가서 항상 배웁니다. 그러나 아무 것도 이루지는 못합니다. 만일 위기가 오고, 질병이 오고, 재물의 손실이 오고, 사랑하는 사람이 죽는 일이 오면 그들은 마비가 되어 적 앞에서 아무 대책이 없이 꼼짝을 못하게 됩니다.

그들은 믿는 자들이기 때문에 하나님의 자원이 그들 안에 있고 하나님께서는 그들을 위해 모든 것을 준비해 놓으셨습니다. 그들 안에 하나님의 능력이 있습니다. 그들 안에 하나님의 사랑의 말씀이 있습니다. 그러나 그들은 한 번도 그것을 사용한 적이 없습니다. 그들은 위기가 올 때 그들 안에 있는 풍부한 것들을 사용하지 않았던 것입니다.

인생의 위기는 우리 모두에게 다가옵니다. 그러나 위기가 올 때 당신이 육신적인 유아기의 상태인지 아니면 어느 정도 성장했는지 하는 것은 큰 차이가 납니다.

위기가 올 때 전혀 자라지 못한 아이들은 그들에게 속한 것을 사용할 능력이 없습니다. 그들은 아직 갓난 아이 상태에 있기 때문입니다. 그림을 그려 한번 상상해 보십시오.

에베소서 5장 1, 2절에서는 마땅히 되어야 할 상태에 대해서 말하고 있습니다.

엡 5:1, 2
1 그러므로 사랑을 받는 자녀 같이 너희는 하나님을 본받는 자가 되고
2 그리스도께서 너희를 사랑하신 것 같이 너희도 사랑 가운데서 행하라 그는 우리를 위하여 자신을 버리사 향기로운 제물과 희생 제물로 하나님께 드리셨느니라

나는 다른 번역본이 "당신은 사랑받는 자녀로서 하나님을 모방하는 자가 되라"라고 표현한 것을 좋아합니다. 여기서 하나님을 따르라고, 혹은 모방하라고 하는 것은 무엇을 의미할까요?

하나님은 사랑인 것을 기억하십시오. 내가 당신에게 많이 읽으라고 했던 요한의 첫 서신에서 그는 하나님은 사랑이시기 때문에 만일 당신이 사랑으로 행한다면 하나님 안에서 행하는 것이고 하나님은 당신 안에 있고 당신은 하나님 안에 있다고 말하고 있습니다.

사랑으로 하나님을 모방하십시오. "하나님이 세상을 이처럼 사랑하사…" 하나님은 우리가 죄인이었을 때에 우리를 사랑하셨습니다. 자, 우리도 그렇게 함으로 하나님을 흉내 냅시다. 당신을 사랑하는 사람을 사랑하는 것은 너무 쉽습니다. 어떤 사람도 그것은 할 수 있습니다. 그러나 우리는 하나님처럼 하려는 것입니다 – 사랑으로 하나님을 본받아 – 사랑스럽지 않은 사람을 사랑하고, 사랑할 수 없는 사람을 사랑하고, 우리의 적을 사랑하는 것입니다.

하나님의 사랑이 당신 안에 있지 않으면 당신은 그렇게 사랑할 수 없습니다. 그리고 당신이 사랑 안에서 성장하지 않는다면 그렇게 사랑할 수 없습니다.

당신이 예민하고 쉽게 상처받는다면 그리스도 밖에 있는 적들뿐 아니라 다른 믿는 자들, 주 안의 형제들이 저지른 하찮은 것을 가지고도 그의 목을 베어버리고 싶을 정도가 되기까지 상처받을 수도 있습니다.

하나님을 모방하여 사랑으로 행하십시오. 이것이 우리의 특권입니다. 우리는 그렇게 살아야하고 또 그렇게 살 수 있습니다. 우리는 교회로서 이런 새로운 언약의 법들로 우리를 다스리게 해야 합니다.

요 13:34, 35
34 새 계명을 너희에게 주노니 서로 사랑하라 내가 너희를 사랑한 것 같이 너희도 서로 사랑하라
35 너희가 서로 사랑하면 이로써 모든 사람이 너희가 내 제자인 줄 알리라

## 인간의 영의 열매(Fruit of the Human Spirit)

당신이 거듭난 후에는 사랑이 거듭난 영의 첫 열매가 됩니다. 이것은 성령의 열매가 아닙니다. 갈라디아서 5장 22절을 번역할 때 성령(Spirit)이라고 한 것은 잘못 번역된 것입니다. 이것은 인간의 영입니다.

예수님은 "나는 포도나무요 너희는 가지니"라고 말씀하셨습니다(요 15:5).

열매는 어디서 자라지요?

가지에서입니다.

누가 가지입니까? 성령입니까?

아닙니다. 우리가 가지입니다.

이 영의 열매(갈 5:22)는 당신 안에 있는 그리스도의 생명 때문에 당신의 삶에 나타나는 열매입니다.

당신이 구원받은 것을 무엇으로 알 수 있습니까?

> 요일 3:14
> 우리가 형제를 사랑함으로 사망에서 옮겨 생명으로 들어간 줄을 알거니와 사랑치 아니하는 자는 사망에 거하느니라

이것은 재창조된 거듭난 인간의 영적인 열매입니다(갈 5:22, 23). 당신은 각각의 영적인 열매를 보여줌으로써 성경을 통해 당신이 구원받았는지 또한 그것들을 가지고 있는지를 증명할 수 있습니다. 예를 들어서 그 중 하나는 평강(peace)입니다. 로마서 5장 1절은 이렇게 말하고 있습니다. "우리가 믿음으로 의롭다 하심을 입었은 즉 우리 주 예수 그리스도로 말미암아 하나님으로 더불어 화평(peace)을 누리자."

당신이 거듭났다면 이러한 사랑이 당신 안에 있습니다. 당신이 실천을 하지 않고 있을지라도 이것이 당신의 속사람 안에, 영 안에 있습니다.

당신이 성장하고 갓난 아이의 상태에서 발전하려면 당신은 하나님의 말씀 안에서 이 사랑의 본성을 먹이는 방법을 배워야 하며, 당신의 삶에서 이 사랑의 본성을 연습해 나타내야 합니다. 그러면 당신은 사랑 안에서 성장할 수 있습니다.

　다른 방법으로는 할 수 없습니다. 당신은 하루 종일 앉아서 기도할 수 있습니다. "하나님, 사랑을 주세요. 내 형제를 사랑할 수 있게 도와주세요. 하나님 세상을 사랑할 수 있게 도와주세요." 그러나 이것은 당신이 하루 종일 앉아서 손가락을 돌리면서 '반짝 반짝 작은 별, 아름답게 비치네' 라고 노래해도 아무 것도 달라지지 않는 것과 마찬가지입니다. 아무런 도움도 되지 않습니다. 그러나 당신이 성경에서 우리가 하나님으로부터 났기 때문에 사랑으로 난 것이고, 하나님의 성품인 거룩한 성품, 즉 사랑에 같이 동참자가 되었다는 사실을 성경이 가르치고 있다는 것과 당신이 적어도 어느 정도의 분량만큼은 사랑을 가지고 있다는 것을 알면, 하나님의 말씀 안에서 사랑의 본성을 먹일 수 있는 준비가 된 것이고 이것을 실천하면 당신의 영적인 발전과 성장은 시작될 것입니다. 그렇게 할 때까지는 성장할 수 없습니다. 사랑이 교회 생활의 중심을 지배해야 합니다.

　　고전 10:24
　　누구든지 자기의 유익을 구하지 말고 남의 유익을 구하라

　우리들 중에서 얼마나 많은 사람들이 그들 자신의 유익을

구합니까? 대부분입니다. 사랑이 지배하지 못하면 삶의 동기는 비뚤어지게 되어 있습니다. 우리들의 행동이 비정상적이 됩니다. 그리고 몸은 영을 지배하면서 마음이 이 세상 일에 사로잡히게 되는 것입니다.

## 마음을 새롭게 하는 것(Renewing the Mind)

> 롬 12:2
> 너희는 이 세대를 본받지 말고 오직 마음을 새롭게 함으로 변화를 받아 하나님의 선하시고 기뻐하시고 온전하신 뜻이 무엇인지 분별하도록 하라

사람들에게 가장 필요한 것은 그들의 마음이 새로워지는 것입니다.

"이 세상을 본받지 말고…"(다른 번역본에서는 '이 시대를 본받지 말고' 라고 합니다.) 이 시대 사람들처럼 생각하지 마십시오! 이 세대 사람들처럼 생각하지 마십시오! 이 세상 사람들처럼 생각하지 마십시오! 이 세상이나 이 시대를 따라가지 마십시오.

"… 오직 마음을 새롭게 함으로 변화를 받아 하나님의 선하시고 기뻐하시고 온전하신 뜻이 무엇인자 분별하도록 하라" 만일 당신의 마음이 새롭게 된다면 – 하나님의 말씀으로 새롭게 할 수 있습니다 – 그러면 당신은 선하시고(어떤 번역본에서는 '허락하시고' 라고 했음) 기뻐하시고 온전하신 하나님의

뜻을 알 수 있다고 말하고 있습니다. 그러나 당신의 마음이 새로워지기까지는 당신은 아직 갓난 아이 상태에 머물러 있는 것입니다.

> 골 3:10
> 새 사람을 입었으니 이는 자기를 창조하신 이의 형상을 따라 지식에까지 새롭게 하심을 입은 자니라

믿는 자의 마음이 예수님의 형상을 따라 새로워져야 한다는 것은 매우 중요한 것입니다. 이것이 그가 성령님을 보내어 우리 안에 거하게 하시며 우리의 선생과 안내자가 되게 하시는 이유 중의 하나입니다. 그분이 말씀하십니다. "진리의 성령이 오시면 그가 너희를 모든 진리 가운데로 인도하시리니 (이것은 오직 말씀을 통하여 성령님이 그리스도 안에서 우리를 속량하신 사실로 우리를 안내하실 때 가능합니다.) 그가 스스로 말하지 않고 오직 들은 것을 말하며 장래 일을 너희에게 알리시리라"(요 16:13).

> 엡 4:23-24
> 23 오직 너희의 심령이 새롭게 되어
> 24 하나님을 따라 의와 진리의 거룩함으로 지으심을 받은 새 사람을 입으라

만일 당신이 하나님의 의와 참된 거룩함으로 새로운 사람으로 옷을 입으면 투기, 질투, 다툼, 분쟁은 끝난 것임을 여러분

도 나와 같이 잘 알고 있지요? 그러므로 여러분은 육신적인 상태로, 갓난 아이의 상태로 있을 필요가 없습니다.

> 롬 12:1, 2
> 1 그러므로 형제들아 내가 하나님의 모든 자비하심으로 너희를 권하노니 너희 몸을 하나님이 기뻐하시는 거룩한 산 제물로 드리라 이는 너희가 드릴 영적 예배니라
> 2 너희는 이 세대를 본받지 말고 오직 마음을 새롭게 함으로 변화를 받아 하나님의 선하시고 기뻐하시고 온전하신 뜻이 무엇인지 분별하도록 하라

바울은 이것을 구원받지 못한 사람에게 쓰지 않았습니다. 제가 사역을 시작한지 15년이 지나서야 이 편지가 거듭나고 성령 충만함을 받기는 했지만 그것이 그들의 몸과 마음에 아무 영향도 끼치지 못하는 그리스도인들에게 쓴 편지라는 것을 발견하고 나는 깜짝 놀랐습니다.

그러므로 새로운 탄생과 성령 세례는 혼적인 경험이나 육신적인 경험이 아니라 영적인 경험입니다.

당신이 거듭난 후, 그리고 성령의 충만함을 받은 후, 당신의 몸을 어떻게 하는 것은 당신에게 달려 있습니다. 당신의 마음(mind)을 어떻게 하는 것도 당신에게 달렸습니다.

진짜 당신은 당신 속에 있습니다 – 영의 사람입니다. 당신은 당신의 몸을 하나님께 내놓아야 합니다. (그는 변화된 몸을 원하십니다.) 그리고 당신은 당신의 마음(mind)을 새롭게

해야 합니다. 어떻게요? 하나님의 말씀으로 할 수 있습니다. 하나님의 말씀을 묵상하고 실천함으로써 새롭게 할 수 있습니다.

제 13 장

# 격려의 말
(A Word Of Encouragement)

하룻밤 사이에 성숙한 그리스도인이 되지 않는다고 실망하지 마십시오. 당신은 하루 만에 장성한 사람이 될 수 없습니다.

성경은 우리가 우리 자신을 점검해봐야 한다고 말합니다. 내가 당신을 점검해보아야 하는 것도 아니고 당신이 나를 점검해보라고도 하지 않았습니다. 당신이 당신 자신을 점검해봐야 한다고 말했습니다. 내가 나를 점검할 때 어떤 면에서 나는 잘 성장하고 있다고, 장성했다고 생각합니다. 그러나 내가 다른 면을 볼 때 그 면에서는 나는 아직 갓난 아이와 같습니다. 그리고 또 다른 면을 보면 나는 아직 유년기에 있습니다. 여러분도 저와 마찬가지일 것이라고 생각합니다.

완전히 성장한 사람이 있을까요? 완전히 영적인 사람이 있을까요? 그리고 사랑 안에서 온전해졌습니까? 나는 그렇게 생각하지 않습니다. 그러나 하나님을 찬양합니다. 우리들은 성장해 가고 있습니다!

여러분이 하룻밤에 다 이루지 못한다 해도 실망하지 마십시오. 당신은 학교를 일주일 다니고 다음 주일에 졸업을 못한다고 실망하지 않았습니다. 아니요, 당신은 계속 다녀야 했고 일학년을 마친 다음 해에는 이학년이 되어서 너무 기뻐했습니다.

당신이 혼적으로나 육체적으로 하룻밤 사이에 자라지 않듯이 영적으로도 하룻밤에 자랄 수 없습니다. 그러나 여기 한 가지 알아두어야 할 것이 있습니다 - 안자란다고 걱정을 하지 않아도 됩니다.

나의 인생에 있어서 내가 지난 해 보다 올해에 하나님을 더 많이 알고 성장했는가는 나의 가장 큰 관심거리였습니다.

나는 온전한 데까지 자라는 것을 믿습니다. 그러나 나는 아직 온전하지 않습니다. 당신은 온전하십니까? 그러나 나는 계속 자라고 있습니다. 나는 지난주에는 자라지 못했다든지, 혹은 내가 실수를 하고 넘어졌다든지 하는 것 때문에 그냥 중단하지는 않을 것입니다.

성숙한 그리스도인은 중단하지 않습니다. 왜냐하면 그들은 예수 그리스도께서 아버지 옆에서 그를 대신해 주고 있는 것을 알기 때문입니다.

사랑으로 하지 않는 모든 것은 죄입니다. 종종 우리는 십계명을 범하지 않으면 우리 마음속으로 우리가 죄를 짓지 않았다고 생각합니다. 그러나 그것은 옛 언약의 법입니다. 새 언약의 법은 우리가 서로 사랑하는 것입니다. 그러므로 사랑

밖에서 하는 모든 말은 죄입니다. 사랑 밖에서 한 모든 행동은 죄입니다.

교회에 쓰여진 서신서에서 "나의 자녀들아 내가 이것을 너희에게 씀은 너희로 죄를 범치 않게 하려 함이라 만일 누가 죄를 범하면 아버지 앞에서 우리에게 대언자가 있으니 곧 의로우신 예수 그리스도시라"고 말합니다(요일 2:1).

내가 돌아보면 - 그리고 영적으로 성장을 한 사람은 모두 마찬가지일 것입니다 - 우리는 우리가 갓난 아이일 때에도 그런대로 잘하고 있다고 생각을 했습니다. 우리는 우리가 실제적으로 죄 없이 살고 있다고 생각했습니다. 우리는 모든 인간적인 표준으로는 문제가 없었기 때문에 정말 우리가 죄 없이 살고 있다고 생각한 것입니다. 그러나 우리가 좀더 영적으로 성장하고 발전한 후에 뒤를 돌아보면 우리가 생각했던 것보다 훨씬 더 많은 죄를 지었음을 알 수 있습니다. 우리는 우리가 생각했던 것보다 더 많은 실수를 저질렀음을 알 수 있습니다. 우리는 사랑으로 행하는 것에 실패했습니다.

그러나 우리가 넘어졌다고 그곳에 그냥 머물러 있지 않습니다. 우리는 일어나서 다시 걷습니다.

우리가 성장하는 것을 도와주는 것은 하나님의 말씀의 지식입니다. 말씀은 영적인 양식입니다 - 우리의 영의 양식입니다.

## 믿음의 말씀사 출판물

믿음의말씀사에서 발행되는 모든 도서는 본사에서 직영판매하며,
본사 대표전화 또는 홈페이지를 통해서 구입이 가능합니다.
구입문의 : 031-8005-5483 / 5493  http://faithbook.kr

### 케네스 해긴의 「믿음 도서관」 책들   케네스 해긴 지음·김진호 옮김

- 믿는 자의 권세 (생애기념판) | 양장본 신국판 264p / 값 13,000원
- 당신이 알아야 하는 신유에 관한 일곱 가지 원리 | 국판 112p / 값 5,000원
- 기도의 기술 | 국판 208p / 값 7,000원
- 인간의 세 가지 본성 (증보판) | 국판 128p / 값 5,500원
- 어떻게 하나님의 영으로 인도받을 수 있는가? (생애기념판) | 국판 272p / 값 10,000원
- 믿음의 계단 | 국판 240p / 값 8,500원
- 마이더스 터치 | 국판 272p / 값 10,000원
- 당신을 향한 하나님의 계획 | 국판 256p / 값 8,500원
- 하나님 가족의 특권 | 국판 176p / 값 6,500원
- 나는 환상을 믿습니다 | 국판 208p / 값 7,000원
- 하나님의 계획과 목적과 추구 | 국판 224p / 값 8,000원
- 역사하는 기도 | 국판 256p / 값 9,000원
- 병을 고치는 하나님의 말씀 | 국판 184p / 값 7,000원
- 영적 성장 | 국판 184p / 값 7,000원
- 치유의 기름부음 | 국판 336p / 값 10,000원
- 크게 성장하는 믿음 | 국판 152p / 값 6,000원
- 신선한 기름부음 | 국판 176p / 값 7,000원
- 예수 열린 문 | 국판 216p / 값 8,000원
- 믿음이란 무엇인가 | 국판 64p / 값 2,500원
- 진짜 믿음 | 국판 56p / 값 2,000원
- 기름부음의 이해 | 국판 256p / 값 9,000원
- 그리스도께서 지금 하고 계시는 일 | 국판 64p / 값 2,500원
- 승리하는 교회 | 신국판 496p / 값 15,000원
- 믿음의 양식 | 국판 384p / 값 13,000원
- 조에 | 국판 96p / 값 4,000원
- 그리스도의 선물 | 신국판 368p / 값 12,000원
- 믿음이 흔들리고 패배한 것 같을 때 승리를 얻는 법 | 신국판 160p / 값 7,000원
- 충분하고도 넘치는 하나님 엘 샤다이 | 국판 64p / 값 2,500원
- 하나님의 말씀 : 모든 것을 고치는 치료제 | 국판 72p / 값 3,000원
- 믿음의 선한 싸움을 싸우는 법 | 국판 200p / 값 7,000원
- 내주하시는 성령 임하시는 성령 | 국판 256p / 값 9,000원
- 방언 | 신국판 384p / 값 12,000원
- 재정적인 번영에 대한 성경적 열쇠들 | 국판 240p / 값 9,000원
- 금식에 관한 상식 | 국판 64p / 값 2,500원
- 가족을 섬기는 법 | 국판 72p / 값 3,000원
- 여성에 관한 질문들 | 국판 112p / 값 5,000원
- 몸의 치유와 속죄 | T.J.맥크로산 지음·로이 힉스, 케네스 해긴 개정 / 국판 168p / 값 6,000원
- 그리스도 안에서 | 문고판 48p / 값 1,000원

- 새로운 탄생 | 문고판 48p / 값 1,000원
- 방언기도의 능력을 풀어 놓으라 | 문고판 64p / 값 1,200원
- 재정 분야의 순종 | 문고판 48p / 값 1,000원
- 말 | 문고판 64p / 값 1,200원
- 나는 지옥에 갔다 왔습니다 | 문고판 48p / 값 1,000원
- 하나님의 처방약 | 문고판 64p / 값 1,200원
- 더 좋은 언약 | 문고판 48p / 값 1,000원
- 옳은 사고방식 틀린 사고방식 | 문고판 80p / 값 2,000원
- 속량 - 가난, 질병, 영적 죽음에서 값 주고 되사다 | 문고판 64p / 값 1,200원
- 예수의 보배로운 피 | 문고판 48p / 값 1,000원
- 하나님을 탓하지 마십시오 | 문고판 48p / 값 1,000원
- 네 주장을 변론하라 | 문고판 48p / 값 1,000원
- 셀 모임에서 성령인도 받기 | 문고판 48p / 값 1,000원
- 네 염려를 주께 맡겨라 | 문고판 80p / 값 2,000원
- 성령을 받는 성경적인 방법 | 문고판 64p / 값 1,200원
- 안수 | 문고판 48p / 값 1,000원
- 치유를 유지하는 법 | 문고판 48p / 값 1,000원
- 사랑은 결코 실패하지 않습니다 | 문고판 48p / 값 1,000원
- 예언을 분별하는 일곱 단계 | 문고판 80p / 값 2,000원
- 절망적인 상황을 반전시키기 | 문고판 80p / 값 2,000원
- 당신의 믿음을 풀어 놓는 법 | 문고판 80p / 값 2,000원
- 하나님의 영광 | 문고판 64p / 값 1,200원
- 하나님께서 내게 가르쳐 주신 형통의 계시 | 문고판 48p / 값 1,000원
- 왜 능력 아래 쓰러지는가? | 문고판 48p / 값 1,000원

## 기타 「믿음의 말씀」 설교자의 책들

- 성령의 삶 능력의 삶 | 데이브 로버슨 지음 · 김진호 옮김 / 신국판 480p / 값 13,000원
- 왕과 제사장 | 김진호 지음 / 국판 136p / 값 6,500원
- 새로운 피조물의 실재 | 김진호 지음 / 국판 256p / 값 9,000원
- 믿음의 반석 | 최순애 지음 / 국판 352p / 값 12,000원
- 새 언약의 기도 | 최순애 지음 / 신국판 192p / 값 8,000원
- 성령 인도 | 최순애 지음 / 국판 160p / 값 7,000원
- 복음의 신조 | 최순애 지음 / 국판 208p / 값 8,000원
- 존중하는 삶 | 최순애 지음 / 국판 208p / 값 8,000원
- 승리하는 믿음 | 스미스 위글스워스 지음 · 김진호 옮김 / 46판 112p / 값 4,000원
- 스미스 위글스워스의 천국 | 스미스 위글스워스 지음 · 박미가 옮김 / 신국판 320p / 값 11,000원
- 스미스 위글스워스의 매일묵상 | 스미스 위글스워스 지음 · 박미가 옮김 / 신국판 600p / 값 20,000원
- 위글스워스는 이렇게 했다 | 피터 J. 매든 지음 · 박미가 옮김 / 국판 272p / 값 9,000원
- 스미스 위글스워스의 능력의 비밀 | 피터 J. 매든 지음 · 박미가 옮김 / 국판 200p / 값 7,000원
- 행동하는 신자들 | T.L. 오스본 지음 · 김진호 옮김 / 46판 112p / 값 4,000원
- 기적 - 하나님 사랑의 증거 | T.L. 오스본 지음 · 김진호 옮김 / 46판 144p / 값 4,500원
- 새롭게 시작하는 기적 인생 | T.L. 오스본 / 라도나 오스본 지음 · 박미가 옮김 / 46판 288p / 값 8,000원
- 좋은 인생 | T.L. 오스본 지음 · 박미가 옮김 / 신국판 416p / 값 13,000원
- 성경적인 치유 | T.L. 오스본 지음 · 김진호 옮김 / 국판 272p / 값 10,000원
- 능력으로 역사하는 메시지 | T.L. 오스본 지음 · 김주성 옮김 / 신국판 368p / 값 12,000원
- 100개의 신유 진리 | T.L. 오스본 지음 · 김진호 옮김 / 문고판 48p / 값 1,000원

- 하나님의 큰 그림 | 라도나 C. 오스본 지음 · 문지숙 옮김 / 46판 160p / 값 5,500원
- 믿음의 말씀 고백 기도집 | 잔 오스틴 지음 · 김진호 옮김 / 46판 160p
- 하나님의 사랑의 흐름 | 잔 오스틴 지음 · 김진호 옮김 / 46판 48p
- 견고한 진 무너뜨리기 | 잔 오스틴 지음 · 김진호 옮김 / 46판 48p
- 초자연적인 흐름을 따르는 법 | 잔 오스틴 지음 · 김진호 옮김 / 46판 96p
- 당신의 운명을 바꿀 수 있습니다 | 잔 오스틴 지음 · 김진호 옮김 / 46판 96p
- 어떻게 하나님의 능력을 풀어놓을 수 있는가? | 잔 오스틴 지음 · 김진호 옮김 / 46판 96p
- 복을 취하는 법 | R.R.쏘아레스 지음 · 김진호 옮김 / 국판 128p / 값 5,500원
- 주는 자에게 복이 되는 선물 | R.R.쏘아레스 지음 · 김병수 옮김 / 국판 160p / 값 6,000원
- 믿음으로 사는 삶 | 코넬리아 나줌 지음 · 신현호 옮김 · 김진호 추천 / 46판 176p / 값 6,000원
- 그리스도 안에 있는 나를 인정하기 | 마크 행킨스 지음 · 김진호 옮김 / 문고판 48p / 값 1,000원
- 여기서 머물지 말라 | 크리스 오야킬로메 지음 · 김진호 옮김 / 46판 72p / 값 2,500원
- 방언기도학교 31일 | 크리스/애니타 오야킬로메 지음 · 이종훈/김인자 옮김 / 46판 80p / 값 2,500원
- 이제 당신이 거듭났으니 | 크리스 오야킬로메 지음 · 김진호 옮김 / 문고판 64p / 값 1,500원
- 당신의 인생을 재창조하라 | 크리스 오야킬로메 지음 · Paula Kim 옮김 / 국판 48p / 값 2,000원
- 이 마차에 함께 타라 | 크리스 오야킬로메 지음 · Paula Kim 옮김 / 국판 128p / 값 5,000원
- 그리스도 안에 있는 당신의 권리 | 크리스 오야킬로메 지음 · Paula Kim 옮김 / 국판 64p / 값 2,500원
- 당신의 치유를 유지하기 | 크리스 오야킬로메 지음 · Paula Kim 옮김 / 문고판 24p / 값 500원
- 성령님과 당신 | 크리스 오야킬로메 지음 · Paula Kim 옮김 / 국판 64p / 값 2,500원
- 방언의 능력 | 크리스 오야킬로메 지음 · Paula Kim 옮김 / 문고판 48p / 값 1,000원
- 성령님이 당신 안에서 행하실 일곱 가지 | 크리스 오야킬로메 지음 · Paula Kim 옮김 / 국판 80p / 값 3,500원
- 성령님이 당신을 위해 행하실 일곱 가지 | 크리스 오야킬로메 지음 · Paula Kim 옮김 / 국판 72p / 값 3,000원
- 기적을 받고 유지하는 법 | 크리스 오야킬로메 지음 · Paula Kim 옮김 / 국판 64p / 값 2,500원
- 하나님께서 당신을 방문하실 때 | 크리스 오야킬로메 지음 · Paula Kim 옮김 / 국판 80p / 값 3,500원
- 올바른 방식으로 기도하기 | 크리스 오야킬로메 지음 · Paula Kim 옮김 / 국판 64p / 값 2,500원
- 당신의 믿음을 역사하게 하는 법 | 크리스 오야킬로메 지음 · Paula Kim 옮김 / 국판 112p / 값 5,000원
- 끝없이 샘솟는 기쁨 | 크리스 오야킬로메 지음 · Paula Kim 옮김 / 국판 32p / 값 1,500원
- 기름과 겉옷 | 크리스 오야킬로메 지음 · Paula Kim 옮김 / 국판 96p / 값 4,000원
- 약속의 땅 | 크리스 오야킬로메 지음 · Paula Kim 옮김 / 국판 224p / 값 8,000원
- 하나님의 일곱 영 | 크리스 오야킬로메 지음 · Paula Kim 옮김 / 국판 112p / 값 5,000원
- 예언 | 크리스 오야킬로메 지음 · Paula Kim 옮김 / 국판 88p / 값 4,000원
- 시온의 문 | 크리스 오야킬로메 지음 · Paula Kim 옮김 / 국판 96p / 값 4,000원
- 붉은 줄의 기적 | 리차드 부커 지음 · 황성하 옮김 / 국판 288p / 값 10,000원
- 당신은 이미 가졌습니다 | 앤드류 왁맥 지음 · 두영규 옮김 / 국판 320p / 값 11,000원
- 은혜와 믿음의 균형 안에 사는 삶 | 앤드류 왁맥 지음 · 반재경 옮김 / 국판 304p / 값 11,000원
- 하나님은 당신이 건강하기 원하십니다 | 앤드류 왁맥 지음 · 서승훈 옮김 / 국판 288p / 값 10,000원
- 영 · 혼 · 몸 | 앤드류 왁맥 지음 · 서승훈 옮김 / 국판 224p / 값 8,500원
- 전쟁은 끝났습니다 | 앤드류 왁맥 지음 / 국판 304p / 값 11,000원
- 믿는 자의 권세 | 앤드류 왁맥 지음 · 두영규 옮김 / 국판 368p / 값 12,000원
- 당신이 말한 대로 얻게 됩니다 | 돈 고셋 지음 · 전진주 옮김 / 국판 288p / 값 10,000원
- 예수 - 치유의 길 건강의 능력 | 윌포드 H. 리트 지음 · 김진호 옮김 / 국판 304p / 값 11,000원
- 믿음과 고백 | 찰스 캡스 지음 · 신현호 옮김 / 신국판 384p / 값 12,000원
- 십자가에서 보좌까지 무슨 일이 일어났는가? | E. W. 케넌 지음 · 서승훈 옮김 / 신국판 368p / 값 12,000원
- 두 가지 의 | E. W. 케넌 지음 · 김진호 옮김 / 국판 176p / 값 7,000원
- 하나님 아버지와 그분의 가족 | E. W. 케넌 지음 · 서승훈 옮김 / 신국판 360p / 값 12,000원
- 성령 충만한 그리스도인의 지침서 | 데릭 프린스 지음 · 조철환, 서승훈 옮김 / 신국판 752p / 값 30,000원